MAGDALENE SIEGLOCH

Eurythmie

28,—

MAGDALENE SIEGLOCH

Eurythmie

Eine Einführung

VERLAG FREIES GEISTESLEBEN

CIP-Titelaufnahme der Deutschen Bibliothek

Siegloch, Magdalene:
Eurythmie: eine Einführung / Magdalene Siegloch. –
Stuttgart: Verlag Freies Geistesleben, 1990

ISBN 3-7725-1086-8

Die Rechte an den Texten Rudolf Steiners
liegen bei der Rudolf Steiner Nachlaßverwaltung
in Dornach/Schweiz

© 1990 Verlag Freies Geistesleben GmbH, Stuttgart
Zeichnungen: Uta Böttcher
Umschlag: Michael Englert
Druck: Greiserdruck, Rastatt

Inhalt

Vorwort

Mit atemberaubender Geschwindigkeit breiten sich Maschinen und Computer auf der Erde aus. Ihr mechanisierender Einfluß auf unsere Lebensgestaltung wächst schneller als unser Reaktionsvermögen.

Mitten unter allem, was wir uns in der modernen Arbeitswelt und in den Großstädten an Attacken und Beleidigungen für Auge, Ohr, Nase, Zunge und Körperbewegung zumuten, hat sich, wie ein Himmelskind, eine herzerfrischende, musische Gestalt eingefunden und möchte uns helfen, diese Situation zu meistern: die Eurythmie.

Die eurythmische Kunst wendet sich – wie jede Kunst in der ihr eigenen Weise – an die Innerlichkeit des Menschen, möchte diese erwecken, veredeln und zur Aktivität anregen, damit sie der Flut von äußeren Zwängen gewachsen sein wird. Eurythmie steht dem Menschen besonders nahe, denn ihr künstlerisches Instrument ist die bewegte menschliche Gestalt selbst.

Rudolf Steiner hat der Eurythmie durch die Begründung der anthroposophischen Geisteswissenschaft den Boden bereitet: Anthroposophie eröffnet einen Weg, das Menschenwesen nicht nur als sichtbar Leibliches, sondern auch als unsichtbar Seiendes, Seelisch–Geistiges kennen und begreifen zu lernen. Im Einklang mit diesen Erkenntnissen hat er die Bewegungsformen der Eurythmie in der Art entwickelt, daß die Aussagekraft des Geistes und die Regsamkeit der Seele, welche in Dichtung und Musik zutage treten, darüber hinaus auch in die künstlerisch gestaltete Bewegung des Körpers als sichtbare Sprache und sichtbarer Gesang einfließen können.

Begegnungen mit der Eurythmie können auf vielfältige Art stattfinden: Zuschauer einer Eurythmieaufführung sehen und erleben sie auf der Theaterbühne. Liebhaber besuchen Eurythmiekurse; es macht ihnen Freude, ihre Körperbewegung auf ein künstlerisches Niveau zu erheben. Berufstätige suchen Kurse auf, weil sie Einseitigkeiten der Bewegung, die am Arbeitsplatz entstehen, harmonisieren wollen. Patienten erhalten Heileurythmie–Behandlung als therapeutische Maßnahme vom Arzt verordnet. Waldorfschüler lernen Eurythmie in allen Klassen, und die Kunde davon dringt ins Elternhaus.

Wenn Zuschauende oder tätig Übende sich von ihrer Begegnung mit der eurythmischen Kunst innerlich berührt, angeregt oder sogar herausgefordert fühlen, so steigen Fragen in ihnen auf; dann wollen sie die vielfältigen Eindrücke ordnen, sie wollen mehr über Eurythmie wissen und von ihr verstehen, um ihr näher zu kommen.

Oft sind diese Fragen zugleich Fragen des menschlichen Bewußtseins.

Das vorliegende Buch will auf solche Fragen eingehen. Es wendet sich an Leser, die der Eurythmie schon begegnet sind, sie selbst unmittelbar gesehen und erlebt haben. Denn Beschreibungen, Fotos oder Filme können gerade das Wesentliche der Begegnung nicht wiedergeben, nämlich die spannenden Augenblicke, in welchen eine seelische Kraft – ein Gefühl, ein Gedanke, ein Willensimpuls – den menschlichen Körper ergreift und die Bewegung der sprechenden Seele, die Eurythmie, offenbart. Das Buch möchte dem Leser Wege eröffnen, durch die sich ihm das reiche Gebiet dieser Bewegungskunst weiter erschließen wird. Er kann damit die eurythmischen Gesten und Formen in ihrer Differenzierung und Nuancierung immer bewußter wahrnehmen und erleben lernen.

I.
Bewegungsgestalt und
Bewußtseinsentwicklung

Die Art, wie der Mensch sich bewegt, hat im Laufe seiner Entwicklung Wandlungen erfahren. Diese Wandlungen stehen in engem Zusammenhang mit den Bewußtseinsveränderungen, die sich durch Jahrtausende der Entwicklung von den frühen Kulturen der Felszeichnungen bis zum Menschen in der hochtechnisierten Zivilisation des 20. Jahrhunderts vollzogen haben. Ein Rückblick in die Vergangenheit soll die Situation deutlich machen, in der sich die Bewegungsgestalt des Menschen in der Gegenwart befindet.

Nach den einschneidenden geologischen Umwälzungen, durch welche die Erde ihre heutige Gestalt angenommen hat – in der Bibel als Sintflut, in der Geologie als Ende der Eiszeit, von Rudolf Steiner als Untergang des atlantischen Kontinentes beschrieben–, begann eine neue Ära menschlicher Daseinsform: die Ära der nachatlantischen Kulturepochen.

Dieses Entwicklungsgeschehen wird von Rudolf Steiner so beschrieben:

«Es war ja die Aufgabe der nachatlantischen Menschheit, diejenigen Seelenfähigkeiten in sich zu entfalten, welche gewonnen werden konnten durch die erwachten Gedanken– und Gemütskräfte, die nicht von der geistigen Welt unmittelbar angeregt werden, sondern dadurch entstehen, daß der Mensch die Sinneswelt betrachtet, sich in ihr einlebt und sie bearbeitet.»[1]

Im Dunkel vorhistorischer Zeiten erblühte die erste nachatlantische Kulturepoche im Gebiete des heutigen Indien. Die dortigen Menschen erlebten in völliger Harmonie mit den naturerschaffenden Kräften ein gleichsam paradiesisches Dasein. In einem Bewußtseinszustand träumenden Hingegebenseins an das Wirken übersinnlicher

9

Wesen, an Regen-, Meeres- und Flußgötter, die das Wasser bewegen, an Feen, Elfen und Baumnymphen, die das Wachstum der Pflanzen anregen und begleiten, an hohe hierarchische Wesen, die Sonne, Mond und Sterne in geordneten Bahnen führen, fühlten sich diese Menschen vereint mit allem rhythmischen Geschehen auf der Erde und am Himmel. So kamen ihnen dann ihre tanzartigen Bewegungen zu: von den Wesen der geistigen Welt unmittelbar angeregt, wie von außen dirigiert, wie ein nahes Abbild eines sich um sie herum bewegenden weiten rhythmischen Geschehens.

Die sichtbaren Gegenstände ihrer Umgebung nahmen sie dagegen kaum wahr, sie empfanden dieselben als unwirkliche Gebilde.

Und da die Natur diesen Menschen alles bot, was sie zum Leben brauchten, kam es ihnen nicht in den Sinn, die Erde zu bearbeiten oder die Gegebenheiten der Natur zu verändern.

Daß die Welt voller Widerstände ist, war die neue Erfahrung der Menschen in der folgenden Kulturepoche, die sich in den rauheren Gegenden Persiens entfaltete. Das unbefangene, traumhafte Hingegebensein an die übersinnlichen Wesen verlor an Intensität, als diesem urpersischen Volk durch seine Führer zum Bewußtsein gebracht wurde, daß nicht nur gute Götter das Dasein der Menschen lenken, sondern daß auch Widersachermächte wirksam sind, vor denen man sich hüten und die man bekämpfen muß. So zeigten die kultischen Tanzbewegungen wohl die entsprechenden Gebärden: hinaufschauende, anbetende, verehrende Hinwendung zu den Göttern des Lichtes und der Sonne – und Gesten kämpferischer Abwehr und Antipathie gegenüber den Kräften der dunklen Tiefe.

Da das urpersische Volk die Wesen der Finsternis mit der Erdmaterie verbunden erlebte, empfand es die Veredelung und Kultivierung der Öde und Wildnis auf der Erde durch Ackerbau und Viehzucht, durch das Bemühen, aus wilden Pflanzen Kulturpflanzen, aus wilden Tieren Haustiere zu züchten, als die vornehmste Aufgabe im Dienste der guten Götter. Dadurch bekamen die Bewegungen der Menschen einen ganz anderen Duktus: Der Mensch mußte seine Körperkraft einsetzen, er mußte Geschicklichkeit erwerben und Ausdauer üben, er mußte mit seiner Willenskraft Widerstände überwinden! Dabei lenkte er seine Aufmerksamkeit auf sein eigenes Tun und dessen Wir-

Sitzbild der Göttin Hatschepsut

kung in der sichtbaren Welt. Er erlebte, daß die Gliedmaßen Instrumente der Willenskraft sind, daß diese Kraft durch weitere Instrumente wie Hacke, Pflug und Axt verstärkt werden kann. Die landwirtschaftliche Arbeit mit ihren vielgestaltigen Bewegungen wurde als kultische Handlung erlebt. Die notwendigen Handgriffe waren von den Führern des Volkes so sachgemäß und gleichzeitig so körpergerecht veranlagt worden, daß sie von den Ackerbauern auf der ganzen Erde in ähnlicher Weise praktiziert werden konnten und so lange alleinige Gültigkeit hatten, bis der erste maschinelle Pflug ihnen die Arbeit abnahm.

Dem Betrachter der gewaltigen Zeugnisse der dritten Kulturepoche, die vor 5000 Jahren in Ägypten und Mesopotamien begann und dort die historische Zeit einleitete, wird offenbar, wie sich sowohl in das Bewußtsein als auch in die Bewegungsführung der Menschen

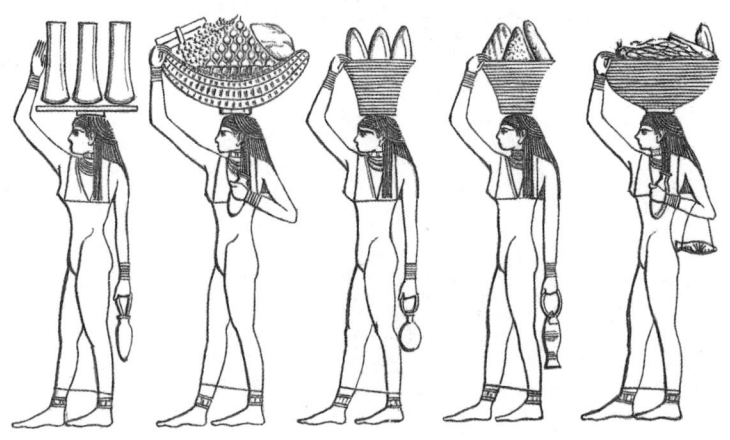

Bäuerinnen, vom Markt kommend

eine tiefe Empfindung für das Räumliche, für die drei Raumesdimensionen einprägte. Beim Anblick von Pyramiden und Tempeln am Nil, von Stufenpyramiden (Zikkurat) zwischen Euphrat und Tigris fühlt man bis heute: Die Materie wird durch geometrische Gesetze geordnet, geformt und erhöht. Und wo an Rundplastiken, Reliefs oder Malereien die Menschengestalt erscheint, immer ist sie geometrisch dargestellt, eingebunden in oben-unten, hinten-vorne, rechts-links: Götter und Pharaonen in statischer Ruhe verharrend, den Blick geradeaus in weite Ferne gerichtet, kultische Tänzer mit abgezirkelten, oft strengen Gesten, manchmal die Richtung aus der Unendlichkeit empfangend und einprägend, arbeitende Handwerker oder Ruderer, die Gebärden nach unten der Erde zuwendend, die Materie gliedernd und ordnend.

Da die Wahrnehmung übersinnlicher Wesen für die Menschen zu schwinden begann, mußten Abbilder von Göttern und übersinnlichen Vorgängen in der Stoffeswelt sichtbar manifestiert werden. Die Eingeweihten in den Tempelstätten hatten eine Anschauung von den göttlichen Wesen, vom Weg der Seele nach dem Tode und von den Gesetzen der Geometrie als Mysterienwissen erworben. Sie gaben

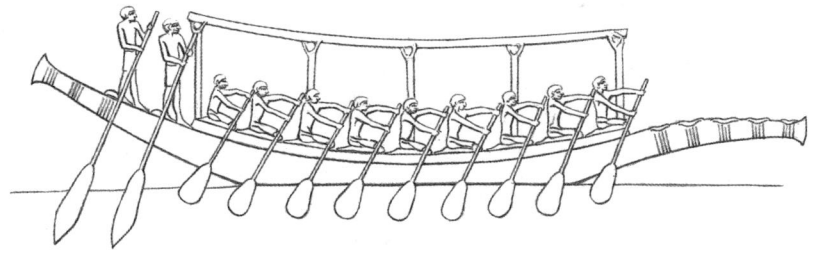

Ruderer

dem Volk aus diesem Wissen heraus genaueste Anweisungen, nicht
nur zur Errichtung der hieratischen Bauwerke oder für die Fülle tägli-
cher kultischer Gepflogenheiten, für differenzierte kultische Tänze
und Gesten, sondern auch für die tägliche Arbeit bis in jede kleinste
Einzelheit hinein. So wirkte das räumlich-geometrische Element in
den fertigen Bauten täglich durch die Sinneswahrnehmung auf die
Bewohner dieser Landschaften. Durch die Arbeit wurde es ihnen
auch zur Bewegungserfahrung bis in die Gliedmaßen: Zu den in der
vergangenen Epoche ausgebildeten Fähigkeiten des Ackerbaues und
der Viehzucht wurde nun die neue, hochkultivierte Fertigkeit des
Feldmessens erworben.

Jedes Frühjahr überschwemmten die großen Ströme Nil, Euphrat
und Tigris weite Gebiete mit dem fruchtbaren Schlamm, den sie aus
dem Gebirge mitbrachten. Und nach jeder Überschwemmung mußte das Land neu parzelliert, mußten die Bewässerungsanlagen wieder
nivelliert werden, um das Wachstum der Pflanzen über die heiße,
regenarme Sommerzeit bis zur herbstlichen Ernte zu sichern.

Das war ebenso eine Übung, mit den Raumesdimensionen gestaltend umzugehen, wie das Streichen der Lehmziegel, die für die riesi-

Diskuswerfer nach Myron

gen Tempelwände in Assur oder die Stadtmauer in Uruk hergestellt wurden, oder wie die millimetergenaue Steinmetzarbeit an den Granit- und Kalkblöcken, die für die ägyptischen Bauten behauen werden mußten. Diese Techniken der Baukunst waren vom ersten Auftreten an so genau der menschlichen Bewegung gemäß und der Sache entsprechend eingerichtet worden, daß sie fast unverändert so lange angewendet wurden, bis man in unserem Jahrhundert den Stahlbeton erfand.

Neues Selbstgefühl, neues Selbstbewußtsein und ein neues willentliches Ergreifen des eigenen Körpers erwuchsen in der Seele des Griechen der Antike durch die Gymnastik. Sie ist Bewegung allein um des sich Bewegens willen!

Der Gymnast erlebte seinen schön gestalteten Leib, wenn er ihn kraftvoll und mit Leichtigkeit zu Ehren der Götter im olympischen

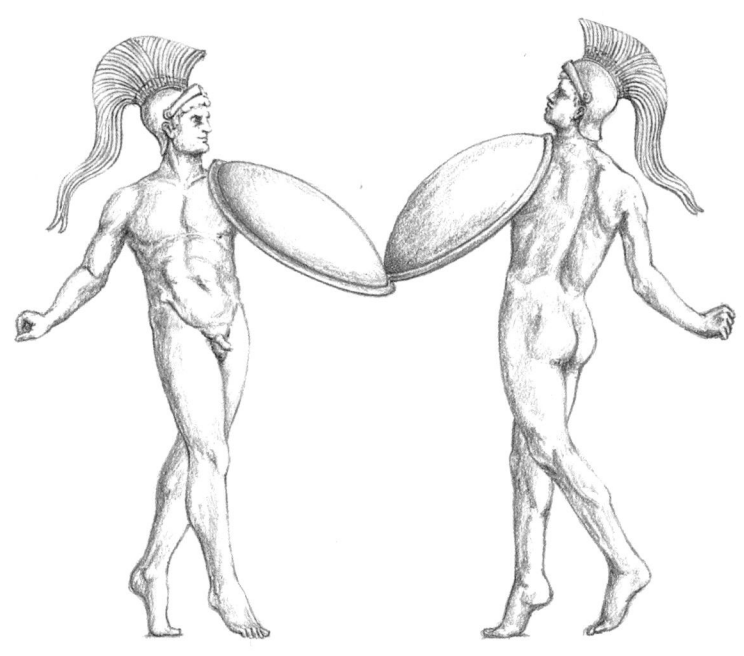

Korybantentanz

Wettkampf bewegen durfte, als ein Göttergeschenk. Die eigene An-strengung, der intensive Einsatz jedes einzelnen Wettkämpfers, die Erhöhung des Siegers durch die Hervorhebung seines Namens – und all dies eingebettet in die hohe kultische Sommer-Festwoche in Olympia, die alle vier Jahre gefeiert wurde – erschienen den Griechen so bedeutsam, daß sie ihre Zeitrechnung mit der Olympiade, «in welcher der Koroibos Sieger war», begannen. Nach unserer Zeitrech-nung war es das Jahr 776 vor Christi Geburt.

Aus dem Erfühlen der eigenen Bewegung, das dem griechischen Knaben durch die gymnastische Erziehung im Laufen, Springen, Ringen, Diskus- und Speerwerfen vermittelt wurde, entfalteten sich auch die Schaffenskräfte der Bildhauer. Es entsprach dem Ideal der Griechen, den menschlichen Körper als eine urbildliche Hülle von höchster Vollkommenheit zu betrachten. So legten die bildenden

Tanzende Mänade

Künstler der klassischen Epoche kein subjektives oder augenblickliches Empfinden in Ausdruck und Geste, und doch wirken die klassischen Bildwerke immer belebt und beseelt.

Zu den brennendsten Anliegen des Bildhauers gehörte es, die Statuen der Menschen und auch der Götter so zu formen, daß ein Augenblick der Bewegung festgehalten ist und der Betrachter das Gefühl hat: Die Statue könnte sich in diesem Augenblick weiterbewegen, der leicht gehobene Fuß könnte einen Schritt tun…, die Tänzer auf dem Relief sind mitten drin im Reigen.

In der gelösten Gleichgewichtshaltung, die in der ägyptischen Statue noch nicht da war und die erst in der griechischen durch den vom Boden gelösten Fuß erreicht werden konnte, sind alle Bewegungsmöglichkeiten zwischen dem Oben und Unten, dem Rechts und Links, dem Vorne und Hinten latent anwesend. Sie können in das

Bronzestatue des Poseidon

ruhende plastische Kunstwerk durch die Imponderabilien der Maß-
verhältnisse hineingezaubert werden.

Die rhythmische Tanz- und Reigenbewegung, aber auch die in das
plastische Kunstwerk hineingezauberte Bewegung bezeichnete der
Grieche der klassischen Zeit mit dem Worte «Eurythmie». Die Stim-
migkeit der Maße, die Ausgewogenheit der Proportionen nannte er
die «Symmetrie». (Dieses Wort hatte damals nicht die Bedeutung
spiegelbildlicher Gleichheit.) Und durch die Symmetrie, durch das
harmonische Zusammenstimmen der Maße, war der bildende Künstler imstande, im ruhenden Bildwerk «Eurythmie» in Erscheinung
treten zu lassen. Diese Fähigkeit, eine fließende rhythmische Bewegung wie für einen Augenblick anzuhalten und sie in der ruhenden
Plastik gegenständlich anschaubar zu machen, wird in jenem Zeit-
punkt erworben, in dem sich auch das selbständige Denken zu regen

beginnt, in welchem die ersten Philosophen beginnen, die Erscheinungen der Natur denkend zu verstehen.

Der Bildhauer Polykleitos von Argos (um 440 v. Chr.) hatte eine Statue geschaffen, den «Doryphoros», den Speerträger, die weitberühmt war. Sie erschien ihm selbst so vollendet, daß er an ihr den Gesetzen, denen der Künstler beim Bilden einer Statue mit der traumhaften Sicherheit seines Gefühls folgt, erkennend auf die Spur kommen wollte. Er hat seine Gedanken in einer Schrift, dem «Kanon» niedergelegt. Original-Bronzestatue und Kanon sind nicht erhalten, doch war ihre Wirkung auf die griechische Kultur außerordentlich. Polyklet wird in den folgenden fünf Jahrhunderten von vielen Schriftstellern erwähnt, zitiert und gerühmt: Lukianos (um 150 n. Chr.), der Philosoph, sah in der Statue das Vorbild für den Tänzer, weil der Ausgleich zwischen Lasten und Leichtsein den Eindruck der Schwerelosigkeit vermittele; Philon, der Physiker (2. Jahrh. n. Chr.), beschreibt das «gut Gefügte» der Materie mit Begriffen des Polyklet; Galenus, der Arzt, beschreibt die Harmonie des menschlichen Körpers:[2]

«Die Schönheit ist nicht aus der Symmetrie der Strecken, sondern der Teile zueinander zusammengesetzt, des Fingers zum Finger ... der Elle zum Arm und alle Teile zu allen Teilen, wie es im Kanon des Polyklet geschrieben steht.»

Und Vitruvius, der römische Architekt (um 20 v. Chr.), sagt in seinem Buche «Über die Baukunst»:

«Wie im Körper des Menschen nach Maßgabe des Ellenbogens, des Fußes, der flachen Hand, des Fingers und aus den übrigen Teilen sich ein symmetrisches Verhältnis der Eurythmie ergibt, so ist es auch in der Ausführung von Bauwerken.»[3]

Das zeigt nicht nur, welcher Berühmtheit sich Polyklet erfreute, sondern vor allem, wieviel Aufmerksamkeit die um Erkenntnis ringenden Persönlichkeiten der menschlichen Gestalt und der ihr innewohnenden «Eurythmie» schenkten und welchen Einfluß die Kunst auf die gesamte Kultur ausübte.

In der Frühzeit des griechischen Altertums wurde in der Verborgenheit der Tempelbezirke eine große Vielfalt rhythmischer Tänze gepflegt. Sie standen in ihrer Differenziertheit in engem Zusammenhang mit der mannigfaltig gegliederten Götterwelt. Zu jedem Heiligtum gehörten bestimmte Rhythmen und tänzerische Bewegungen, die dem geistigen Hintergrunde, der Wirksamkeit des Gottes entsprachen. So mögen die Männer, die sich dem Kriegsgott Ares verbunden fühlten, ihre Rhythmen in der feurig-mutvollen Stimmung kräftiger Angriffslust, in phalanxartiger Anordnung geschritten sein, während die Mädchen im Bezirk der Göttin der Anmut, der schaumgeborenen Aphrodite, «schwebenden Schrittes», die Grazie und Lieblichkeit jeder einzelnen Geste fühlend, ihre Reigenbewegungen rhythmisierten.

Mit dem Erwachen des Persönlichkeitsbewußtseins, das mit den ersten Regungen selbständiger Gedankenbildung und dem Wahrnehmen der eigenen Körperbewegung einherging, wurden die rhythmischen Tanzformen aus der Verborgenheit der Weihestätten losgelöst. Zuerst wurden sie bei festlichen Anlässen dem Volke dargeboten und allmählich in das öffentliche Leben eingefügt. Es wurden die reichhaltigen Formen der Volkstänze daraus entwickelt, die mit liebevoller Sorgfalt tradiert und in die weiten Gebiete verbreitet wurden, welche mit der hellenistischen Kultur in Berührung kamen. In manchen Gegenden haben sie sich bis in unser Jahrhundert erhalten.

So wie die Gymnastik, der Fünfkampf, die Olympischen Wettkämpfe die Bildhauer zum Gestalten eines Bewegungsaugenblickes in der Statue angeregt hatten, so befeuerten die charakteristischen Rhythmen der aus dem kultischen Bereich kommenden Tänze die Dichter, das rhythmische Element in die Sprache hereinzunehmen und als poetisches Kunstwerk auszugestalten. Es war von großer Bedeutung für die gesamte abendländische Kultur, daß die klar geordneten Rhythmen der kultischen Tänze in sprachliche Rhythmen verwandelt wurden. Damals haben Dichter Urmotive des menschlichen Seelenlebens in poetische Formen gebracht.

Diese waren so kraftvoll, daß sie die ganze europäische Dichtkunst und damit auch die vielen europäischen Sprachen im Laufe der nächsten zweieinhalb Jahrtausende um ungezählte Ausdrucksmöglichkeiten bereicherten. Viele dieser Formen sind bis heute lebendig und wirksam.

In der neuen Bewegungskunst Eurythmie, die Rudolf Steiner im Jahre 1912 entwickelte, wurden die poetischen Rhythmen aus der Hörbarkeit der Dichtung wieder in die Sichtbarkeit der Bewegung verwandelt. Als Rudolf Steiner die ersten Anweisungen und Erläuterungen zu eurythmischen Bewegungen gab, blickte er manchmal zurück auf den altgriechischen Ursprung sprachlicher Rhythmen. Er tat das nicht, um Vergangenes wieder aufleben zu lassen, sondern um das Neue anzuknüpfen an das, was auf einer früheren Stufe der Bewußtseinsentwicklung schon erreicht worden war. Daher soll an dieser Stelle auf die griechischen Rhythmen ausführlicher eingegangen werden; ihre Bedeutung für die eurythmische Kunst wird in später folgenden Ausführungen ersichtlich.

Deutlich erkennbar in den Überlieferungen der Antike ist der Übergang aus der tänzerischen Bewegung in die rhythmische Sprache hinein bei der Entwicklung der Tragödie. In dem Heiligtum, in welchem der Gott Dionysos wirkte, in dem er geschaut und verehrt wurde, bewegten sich seine Diener an der Peripherie eines Kreises, dem Mittelpunkt desselben zugewandt, wo sie wie in einem Brennpunkt den Gott erlebten. Ihre Seelen wurden von innerem Feuer ergriffen, das sich bis zur Ekstase steigern konnte und das in rhythmischen Tänzen und Gesängen – Dithyramben – seinen Ausdruck fand. Es war wohl vornehmlich der Rhythmus des Anapäst: Zwei kleinen schnellen Schritten voll verhaltener Kraft folgt ein großer Schritt oder weiter Sprung; in der Dichtung sind es später zwei kurze Silben und eine lange: ∨ ∨ —. So wurde der Gott verherrlicht, dessen unbändige Kraft jeden befeuerte und dessen leidvolles Schicksal die Seelen tief erregte. Daran entzündete sich die Empfindung für die Möglichkeit dessen, was in den dunklen Tiefen der Seele eines jeden Menschen an gewaltiger, zunächst ungeformter, in rauschartigem Zustand herausquellender Kraft aufsteigen kann und die Läuterung ersehnt.

Als diese internen kultischen Riten mehr in die Öffentlichkeit hinausdrangen, wurde in den Mittelpunkt des tanzenden und singenden Kreises ein Stellvertreter des Gottes Dionysos, ein Priester hineingestellt, der dem Chor antwortete, und so entstand der Dialog. Als erster soll Thespis im Jahre 534 v. Chr. daraus die Anfänge der griechischen Tragödie begründet haben, deren Urform das Zwiegespräch zwischen der singenden Einzelperson und dem singenden und tanzenden Chor ist. Die Sage, daß er mit seinem Wagen, dem Thespiskarren, durch die Lande gezogen sein soll, deutet an, daß die vorher internen kultischen Vorgänge aus der Weihestätte hinausgetreten waren. Die Kreisform der Chortänze bestimmte dann die runde Form der Orchestra im griechischen Theater, denn auch in der Zeit der Hochblüte der griechischen Tragödie zog der Chor, die Rundung in Anapästen abschreitend, in das Theater ein. Im Laufe der Entwicklung wurden die Tanzbewegungen immer mehr reduziert. Schließlich blieb der Chor fast ruhig stehen, und von da an hörten die Zuschauer die Chorlieder nur noch, die in der Geschichte der Literatur bis heute als einzigartige sprachrhythmische Kunstwerke dastehen.[4]

Der Dialog der Einzelpersonen weitete sich aus, später waren dann drei Schauspieler gleichzeitig auf der Bühne.

Der einzelne Schauspieler sang – im Gegensatz zu den so vielgestaltigen Chorgesängen – fast ausschließlich im Versmaß des Jambus: kurze Silbe lange Silbe ᴠ —. In der antiken Tragödie ist es der sechsfüßige Jambus:

Thëus men aito tond’ apallagen ponon

ᴠ— ᴠ —ᴠ — ᴠ — ᴠ — ᴠ —

Die Götter fleh’ ich an, zu enden meine Not …

(Aischylos, Agamemnon)[5]

Der sprachliche Rhythmus des Jambus hat im Speer- oder Ballwurf eine Bewegungsentsprechung: Ein konzentriertes An-Sich-Halten vor dem Wurf – die Kürze –, dann das zielgerichtete «Hinaus!», das Werfen – die Länge. Dieser Vorgang, stark verinnerlicht und in das intensive seelische Erleben übertragen, ist verwandt dem Freiwerden-Wollen der Persönlichkeit. So hat sich der Jambus über zwei Jahrtausende hin als der dominierende Rhythmus in der dramatischen Kunst erwiesen.

Die antike Tragödie, in ihrer Blütezeit durch Aischylos, Sophokles und Euripides vertreten, stellte im Zusammenklang der Rhythmen von Bewegung, Sprache und Musik ein Gesamtkunstwerk dar, und dies alles umgeben von der vollendet angemessenen Architektur des Freilichttheaters. Die Zuschauer erlebten die Tragik des Erwachens aus dem archaischen Eingehülltsein, das Gefühl des Alleingelassenseins – wo der Mensch die Orakelsprüche nicht mehr deuten kann; sie erlebten die aufkeimende Kraft der freien Persönlichkeit, die dem Menschen aber auch Verantwortung aufbürdet. Entwicklungsschmerzen wurden offenbar und drangen tief in die Seelen der Zuhörer. In der Strenge der rhythmischen Form lag jedoch auch schon der Beginn der Klärung und Heilung, die Hilfe, das Schwere durchzustehen. Nach der starken Spannung, die das Miterleben der Tragödie hervorrief, folgte eine Lösung in befreiendem Lachen, denn anschließend wurde immer ein Satyrspiel oder eine Komödie aufgeführt. Für das Bewußtsein der Griechen war der Gott Dionysos der Beschützer und Anreger derjenigen Seelenkräfte, aus denen die Dichter ihre Dramen in großartiger Übereinstimmung von Form und Inhalt schufen.[6]

Die sprachlichen Rhythmen der dramatischen Werke, vornehmlich die Versfüße des Jambus ∨ — und, beim Einzug des Chores, des Anapäst ∨ ∨ —, die von dem künden, was aus dem Inneren der Seele aufsteigt und Zukünftiges gestalten will, werden auch «steigende Rhythmen» genannt.

In polarem Gegensatz dazu erlebte der Grieche die epischen Dichtungen. In ihnen wurden die Ereignisse der Vergangenheit geschildert, die Erschaffung der Welt, die Schicksale der Götter und die Taten der Vorfahren. Der Rückblick in die Vergangenheit zeigte dem Griechen, daß der Mensch seit dem Beginn der Schöpfung in die Weltenordnung eingefügt ist, daß die vergangenen Ereignisse an allem Gewordenen und so auch an ihm mitgestaltet haben. Der Gott Apollon war für ihn der Vertreter der schaffenden Götterwesen und der Beschützer der Ordnung, der Harmonie und der Schönheit in der Welt. Er regte diejenigen Seelenkräfte im Menschen an, welche sich mit den Gesetzmäßigkeiten der Natur und des Kosmos verbinden wollen. Seine Botinnen waren die Musen, durch sie inspirierte er die Künstler, Werke der Schönheit und Harmonie hervorzubringen.[7]

Wenn Rudolf Steiner den ersten Eurythmisten erläutern wollte, wie sich diese beiden Seelentätigkeiten gegenüberstehen – die Willensimpulse, Gefühle und Gedanken, die aus den Tiefen der Seele aufsteigen und sich offenbaren wollen einerseits, und andrerseits die Wahrnehmungen und Erkenntnisse, die der Mensch aus der Betrachtung der Welt empfängt -, wie diese beiden Seelentätigkeiten sich in unterschiedlichen poetischen und eurythmischen Gestaltungen äußern, dann zog er manchmal die Begriffe des ‹Dionysischen› und des ‹Apollinischen› heran.[8] Daher sollen hier das erste deutliche Auftreten dieser Zweiheit und die poetischen Formen, die damit in Zusammenhang stehen, erwähnt werden. Ihre Bedeutung für die Eurythmie soll später dargestellt werden.

Der berühmteste Epiker in der Frühzeit der griechischen Kulturepoche war der Dichter Homer, dessen Biographie uns unbekannt ist, dessen gewaltige Epen «Ilias» und «Odyssee» jedoch die europäische Kultur begleitet haben und uns heute noch die höchste Bewunderung abgewinnen können. Im Altertum fanden sie durch fahrende Sänger weite Verbreitung; sie ließen in den Seelen der Zuhörer Ereignisse lang vergangener Zeiten, die Taten der Götter und Helden im Umkreis des Trojanischen Krieges und die Irrfahrten des Odysseus in reich geschmückten Bildern erstehen. Diese Epen waren im lebendig dahinfließenden Versmaß des Hexameter gedichtet, das den Zuhörer in einen Zustand des völligen Hingegebenseins an diese Bilder versetzte und ihn Gegenwart und Zeit vergessen ließ, einen Zustand, den Friedrich Schiller in der folgenden Zeile treffend als epischen Hexameter charakterisiert:

Schwindelnd trägt er dich fort auf rastlos strömenden Wogen.[9]

Heute müssen wir uns die poetische Gesetzmäßigkeit des Hexameters durch Schema und Regeln bewußt machen.

— ∨ ∨ — ∨ ∨ — ∨ ∨ // — ∨ ∨ — ∨ ∨ — ∨

Fünf Versfüße des Daktylus (einer langen Silbe folgen zwei kurze — ∨ ∨) und ein Trochäus — ∨ bilden die Hexameterzeile. Im Bereich ihrer Mitte ist, ganz beweglich, wo es vom Wortlaut her nötig ist, eine Atempause, die Zäsur //, eingefügt. Man nennt Versfüße, die mit einer langen Silbe beginnen, auch «fallende Rhythmen».

Von solchen Regeln wußten die frühgriechischen Dichter nichts. Sie lebten vollkommen im rhythmischen Element ihrer Sprache, konnten es frei, einfallsreich und souverän handhaben, ohne gegen die Gesetze des Hexameter zu verstoßen. Und die Zuhörer waren so am Rhythmus orientiert, daß sie einschwingen konnten in den dahinfließenden poetischen Strom und dann jede Einzelheit des Inhalts in der ihr entsprechenden künstlerisch-rhythmischen Form fühlten und erlebten.

Daß Homer sich zu seinen Epen von Apollon als dem Führer der Musen inspiriert fühlte, teilt er den Hörern schon in der Anfangszeile der Odyssee mit:

Andra moi ennepe Musa polytropon hos mala polla
— v   v   — v v   — v // v —v v   —   v v — v
Singe mir, Muse, die Taten   des vielgewanderten Mannes,

planchthe epei tröiës hiëron ptoliëthron epersen
—   v v —   vv—// vv —   v v— v   v — v
Welcher so weit geirrt, nach der heiligen Troja Zerstörung

pollon d'anthropon   iden astëa kai nöon egno
— — — — —// v v —vv— vv — v
Vieler Menschen Städte gesehen und Sitte gelernt hat

polla d'ho g'en ponto   pathen algëa hon kata thymon
— v   v — — —// v   v —vv — vv — v
Und auf dem Meere so viel unnennbare Leiden erduldet,

arnymenos hen te   psychen kai noston hetairon
— v v — — —// — — — — — v   v — v
Seine Seele zu retten und seiner Freunde Zurückkunft.[10]

Die griechischen Staatsmänner waren darauf bedacht, dem Volke die homerischen Epen zugänglich zu machen. Die Dialoge der Götter auf dem Olymp, die Seelenregungen der Helden, aber auch ihre Waffen, ihre Bekleidung, ihre Gebräuche, die handwerklichen Kunstfertigkeiten wurden bis ins kleinste Detail beschrieben und vermittelten den Zuhörern reiche Erfahrungen und Kenntnisse auf allen Lebensgebieten.[11]

Archilochos von Paros heißt der Dichter, dessen Name bekannt wird, weil er etwa um das Jahr 650 v. Chr. als einer der ersten beginnt, in anderen Versmaßen als dem Hexameter zu dichten. Es erregt Aufsehen und Ablehnung, daß er sich erkühnt, in Jamben – die doch kultischen Ursprungs sind – Spottverse zu schreiben! Doch das Wichtigste ist, daß er das Distichon einführt, in welchem die «rastlos strömenden Wogen» des Hexameter sozusagen aufgehalten werden und von dem Friedrich Schiller schreibt:[12]

Das Distichon

Im Hexameter steigt des Springquells flüssige Säule,
Im Pentameter drauf   fällt sie melodisch herab.

— ∨ ∨ — ∨ ∨ — // ∨ ∨ — ∨ ∨ — ∨ ∨ — ∨
— ∨ ∨ — ∨ ∨ — // halt! — ∨ ∨ — ∨ ∨ — halt!

Es zeigt sich, daß beim Distichon die erste Zeile ein fließender Hexameter ist, in der zweiten fehlen jedoch die kurzen Silben vor der Zäsur und am Ende der Zeile, die Zäsur wird fixiert und ist nicht mehr beweglich. Es entsteht eine dezidierte, manchmal etwas abrupte Pause (oben zwischen ‹drauf› und ‹fällt›).

Es gibt der Seele einen Ruck zur Wachheit, wenn der altgewohnte, harmonisch dahinfließende Rhythmus unterbrochen wird. Das Distichon eröffnet den Weg zu abgerundeten Strophenformen. Am literarhistorischen Vorgang kann ein bewußtseinsgeschichtlicher abgelesen werden. Das Bewußtsein für sprachrhythmische Formen erwacht. Von da an sind der poetischen Phantasie keine Grenzen mehr gesetzt, die individuelle Erfindungsgabe blüht auf, die lyrische Dichtung entsteht. Eine Fülle metrisch-rhythmischer Neuschöpfungen in steigenden und fallenden Rhythmen, von strengen, fast architektonisch aufgebauten Strophen bis zu frei beflügelten, die wie rhythmisierte Prosa anmuten, belebt und bereichert die kulturelle Szene der griechischen Antike. Die Dichter sind biographisch bekannt, ihre neugeschaffenen Strophenformen werden nach ihnen benannt: Alkman, Alkaios, die Dichterin Sappho, Anakreon, Pindar.

Das ganze Gefüge der griechischen Sprache wurde durch die rhythmische Gestaltungskraft ihrer Dichter so belebt, verfeinert und geschmeidig gemacht, daß sie zu einem großartigen Ausdrucksmittel der neuen Bewußtseinsstufe werden konnte. In dieser beweglichen, durchgebildeten Sprache brachte Aristoteles 200 Jahre später seine universelle, durch Jahrhunderte maßgebende Philosophie zum Ausdruck, und der Evangelist Johannes konnte ihr sein «Evangelium» und seine «Offenbarung» anvertrauen.

Nachdem die Rhythmen der Tanzkunst – aus den Mysterienstätten kommend – die Bewußtseinsentwicklung so nachhaltig beeinflußt hatten, wurde die Bewegungskunst nicht mehr weiterentwickelt. Ihre Grundformen wurden in vielen Variationen als Tradition weiter gepflegt. Zu den Bewußtseinsstufen, welche in der römischen, frühchristlichen, mittelalterlichen Kultur und in der Zivilisation der Neuzeit erreicht wurden, gab es keinen entsprechenden Fortschritt im Bereich der Bewegungskunst!

Seit der Impuls der Geisteswissenschaft Rudolf Steiners viele Gebiete des Lebens zu beeinflussen beginnt, zeichnet sich ab, daß der Bewegungskunst Eurythmie in der zukünftigen kulturellen Entwicklung ein weites Feld eingeräumt werden könnte. In der griechischen Kultur waren Rhythmen aus der Tanzkunst der Sprache einverleibt worden. Heute dürfen – umgekehrt – sprachliche Rhythmen wieder in der menschlichen Bewegung zum Ausdruck kommen: in der sichtbaren Sprache, der Eurythmie. So hat die Beziehung der neuen Bewegungskunst Eurythmie zur griechischen Antike eine geistesgeschichtliche Dimension, die über die reine Übersetzung des Namens eu = schön, rythmos = fließende Bewegung hinausgeht. Es zeugt von innerer Überschau, daß Marie von Sivers (1867 – 1948), seit 1914 Marie Steiner, als Rezitationskünstlerin von hohem Rang nach dem Miterleben der ersten eurythmischen Unterweisung durch Rudolf Steiner den Namen «Eurythmie» für die neue Kunst vorschlug.

Die Römer begannen ihre Zeitrechnung nicht mit einer Olympiade, sondern «ab urbe condita», von der Gründung der Stadt an, als Romulus, der erste König von Rom, im Jahre 753 v. Chr. mit dem Pflug den Umriß der künftigen Ansiedlung in die Erde eingravierte. Bei ihnen erwuchs das Selbstgefühl nicht aus der Körperbewegung, sondern durch das In-Besitz-Nehmen eines Territoriums. Sie richteten ihre Willenskraft darauf, immer größere Gebiete mit Waffengewalt zu erobern, sie in ihren Machtbereich einzugliedern, sie zu verwalten und eine Staatsform zu finden, in der jeder Bürger dem Staate dient, in der aber auch seine persönlichen Interessen gewahrt bleiben. Zur Verwirklichung dieser Ideale wurde als einzige Kunst die Rhetorik ausgebildet. Sie diente der Motivierung der Bürger für die Ziele der Staatsmänner; die Reden der bedeutenden Rhetoren Cato, Cicero und Cäsar hatten eine große Wirkung. Als die Römer im zweiten Jahrhundert v. Chr. Griechenland eroberten, begann jedoch eine Ära der Nachahmung griechischer Kunst. Sowohl die Elemente der bildenden Künste als auch der Tanzkunst, der Musik und der Dichtung machten sie sich fast unverändert zu eigen. Die römischen Dichter Ovid und Vergil übernahmen den Hexameter, der Dichter Horaz die Strophenformen der Lyriker Griechenlands.

In den Palästen der römischen Cäsaren ist die von den Griechen übernommene Tanzkunst für die Lustbarkeit beliebt und wird sehr gepflegt. Aus ihr entwickelt sich dann die höfische Tanzkunst der folgenden Jahrhunderte bis zur heutigen Ballettkunst. Ihre Formen besitzen – obwohl schon bei den Römern weit vom hohen Ursprung entfernt – soviel Kraft und inneren Gehalt, daß sie an den großen und kleinen Fürstenhöfen Europas, sich den jeweiligen Stilrichtungen – wie z. B. Barock und Rokoko – anpassend, in vielen Variationen weiter ausgestaltet werden können und immer wieder glanzvolle Blütezeiten erleben.

Völlig anders als im Umkreis des Mittelländischen Meeres verlief die Entwicklung der Volksstämme, die nördlich der Alpen lebten. Ihre Kultur war stark von einer nahen Verbindung, aber auch von einer Auseinandersetzung mit den elementaren Kräften der Natur geprägt. Kultische Feste wurden in engem Zusammenhang mit dem Erleben des Jahreslaufes gefeiert: Sommer- und Winter-Sonnenwende, Frühlings- und Herbstesbeginn. Man kann annehmen, daß kultische Tänze und Gesänge diesen Festen eingegliedert waren, die wohl auch die spätere Gestalt der Volkstänze beeinflußt haben. Von den epischen und hymnischen Dichtungen, den zauberkräftigen Sprüchen, welche die Sänger, die seherisch begabten und stimmgewaltigen germanischen Skalden und keltischen Barden, dabei gesungen haben, sind uns sehr wenige Texte überliefert, und diese wurden erst lange nach ihrer Entstehung und Blütezeit aufgeschrieben. Im nördlichen

Europa gab es eben keine Steinbauten mit reliefgeschmückten und bemalten Wänden und Giebeln, keine Statuen und Tonvasen, nichts, wodurch uns Darstellungen mythischer und historischer Ereignisse oder gar Tanzbewegungen hätten überliefert werden können. Und die Menschen dieser Gebiete fühlten keine Veranlassung, ihre Dichtungen oder ihre Historie aufzuschreiben. Aber vielleicht hat die dichterische Sprache gerade dadurch, daß sie nicht aufgeschrieben, sondern im Inneren der Seele bewahrt wurde, ihre elementare Kraft behalten und ihre bis zur Beschwörung gehende Wirkung noch bis in die karolingische Zeit hinein ausüben können.

Die germanische Dichtung gewann ihre Wirksamkeit aus der Kraft des einzelnen Lautes. Ihr künstlerisches Ausdrucksmittel ist die Alliteration, der Stabreim. In jeder Zeile gibt es zwei, drei oder vier Wörter mit dem gleichen Anfangslaut. Es sind dies die bedeutungsvollen Wörter, ihr Anlaut wird stark artikuliert und die Anfangssilbe deutlich betont. Die Zahl der dazwischenliegenden unbetonten Silben ist beliebig und nicht abgezählt wie die kurzen Silben der griechischen Metren. Die nordischen Sänger konnten jeden alliterierenden Laut durch einen stampfenden Schritt noch bekräftigen, und das erweckte den Eindruck von Tatkraft und Entschlossenheit. Aber diese Sprachen wären nicht geeignet gewesen, komplizierte logische Gedankenvorgänge zum Ausdruck zu bringen. In den folgenden Zeilen aus dem «Hildebrandslied» sind das W und das S die alliterierenden Laute. x́ = stark betonte Silbe: Hochton, x = unbetonte oder weniger betonte Silbe: Tiefton.[13]

Weh nun, waltender Gott, Wehgeschick wird
x́   x   x́ x x   x   x́   x x   x́
Ich wallte der Sommer und Winter sechzig außer Landes[14]
x   x́ x   x   x́ x   x   x́ x   x́ x   x x   x x

Durch die Eroberungszüge der Römer nach Mittel- und Westeuropa, die Cäsar im Jahre 54 v. Chr. begonnen hatte, berührten sich die beiden so verschiedenen kulturellen Strömungen.

Gleichzeitig lebten in Europa Menschen, welche die Keime der christlichen Religion in ihrer Seele pflegen und behüten wollten, völlig zurückgezogen von der Öffentlichkeit, ganz der inneren Hinwendung an diese Aufgabe. Aus dieser Seelenhaltung entsprang vorerst wenig künstlerische Tätigkeit und keine Bewegungskunst.

Im Jahre 313 gewährte der römische Kaiser Konstantin den Christen Religionsfreiheit, und 381 wurde das Christentum zur Staatsreligion erklärt. Als in den folgenden Jahrhunderten während der Völkerwanderung germanische Stämme nach Süden zogen und die Christianisierung des Nordens durch das kirchliche Rom intensiviert wurde, beeinflußten und vermischten sich die beiden Kulturkreise mehr und mehr. Auf der Ebene der Dichtkunst begegneten sich die unterschiedlichen poetischen Formen: vom Süden her die gleichmäßig quantitierenden Metren aus langen und kurzen Silben, vom Norden her der frei akzentuierende Stabreim mit Hochton und Tiefton. Als im 9. Jahrhundert dann noch das neue Element des vokalischen Endreimes auftauchte, entstand aus dem Zusammenklang dieser drei dichterischen Gestaltungsarten eine neue Ära der Poesie: die Dichtung des späteren Mittelalters.

Die Zeit vom 9. bis zum 13. Jahrhundert ist durch drei Bereiche kultureller und sozialer Struktur gekennzeichnet: Geistlichkeit, Rittertum, Bürgertum.

Die Mönche saßen schweigend in ihren Klosterzellen und versuchten, mit dem denkenden Bewußtsein die übersinnlichen Offenbarungen der Evangelien zu erfassen und zu beweisen. Sie bedienten sich der Philosophie des griechischen Denkers Aristoteles, aber sie zelebrierten, berieten sich und schrieben in lateinischer Sprache. Geistliche Dichtung, wie epische Werke biblischen Inhalts und Marienlieder voll Andacht und Frömmigkeit, wurden in lateinischer und auch in den Sprachen der Volksstämme geschaffen. Bildende Künstler gestalteten aus der Hingabe an die christlich-religiösen Inhalte neue Formen der Malerei, der Plastik und der Architektur. Eine diesem Bereich zugehörende Bewegungskunst entstand nicht.

Das Ideal des Ritters war es, die Tugenden des Mutes, der Treue, der verantwortlichen Verwaltung des Lehens, der Achtung vor den Frauen zu üben; er hatte die Aufgabe, kulturelle und wirtschaftliche Güter des Volkes zu schützen. An Fürstenhöfen und Ritterburgen fanden Dichter ihr Podium, die als fahrende Sänger in edlem Wettstreit eine Fülle gereimter Dichtung in immer neuen Formen sangen. Der Epiker Wolfram von Eschenbach gestaltete die Sage von «Parzival und dem Heiligen Gral» und Walther von der Vogelweide zarte, liebenswürdige Minnelieder, aber auch scharfe, von kluger Einsicht zeugende politische Lieder. In den Turnieren der Ritter wurde Mut, körperliche Kraft und Gewandtheit, eben Ritterlichkeit gepflegt. Die höfische Tanzkunst entstammte ganz der Tradition, sie erreichte nicht die hohe Entwicklungsstufe der neu erblühten Poesie.

Durch die stete Vervollkommnung und Verfeinerung der altüberlieferten handwerklichen Fähigkeiten und durch den Zusammenschluß der Handwerker in Zünfte war in den mittelalterlichen Städten ein Bürgertum entstanden, das es zu Ansehen und Wohlstand gebracht hatte. Kaufleute brachten Kunde und Waren aus fernen Ländern und erweiterten den Gesichtskreis der Bürger. Dieser Kulturkreis brachte viele bildende Künstler hervor, doch die Tanzkunst blieb völlig den traditionellen Formen verhaftet. Allmählich übernahmen die Bürger der Städte die Pflege der Poesie. Aus dem Minnesang wurde der Meistersang. Eine gewisse Erstarrung der poetischen Formen trat ein, wie es in den «Meistersingern von Nürnberg» von Richard Wagner in der Gestalt des Beckmesser zum Ausdruck kommt.

In dieser Situation stellte sich wie ein erfrischender Regen nach der Dürre am Beginn des 18. Jahrhunderts eine Renaissance altgriechischer Dichtung ein. Dichter und Schriftsteller der Antike wurden übersetzt und regten die deutschen Dichter an, mit diesen Versmaßen zu arbeiten. Als Gottlieb Friedrich Klopstock 1748 die ersten Gesänge seines Epos «Der Messias» in Hexametern veröffentlichte, ging eine Welle der Erregung durch die deutschsprachige literarische Welt. Fast jeder Dichter versuchte, was in seiner Seele lebte, nun mit antiken Versformen zu verbinden. Neue Wortvariationen, neue Satzstellungen, eine neue Art der Beweglichkeit im Verhältnis zwischen Satzbau, Rhythmus, Strophenform wurden geschaffen. Dreißig Jahre später fanden Goethe und Schiller ein wohlvorbereitetes Feld für ihre gewaltigen Sprachschöpfungen, aber auch die Philosophen Fichte, Schelling und Hegel hatten in dem neugewonnenen Nuancenreichtum und der Bildsamkeit der deutschen Sprache eine hervorragende Grundlage, die hohen Gedanken des deutschen Idealismus in Worte zu fassen.

Die Dichter des 19. Jahrhunderts zehrten noch von dieser Fülle und lebendigen Sprachkraft der deutschen Klassik und Romantik. Doch findet in der zweiten Hälfte desselben ein tiefgreifender Umbruch des Bewußtseins statt, der sich bis heute fortsetzt und alle Lebensgebiete – die Philosophie, die Naturwissenschaften, die soziale Ordnung, die Kunst, die religiösen Anschauungen – gewaltig verändert hat. Die großartigen harmonischen poetischen Formen passen nicht mehr zu den existentiellen Krisen, in welche die Seelen gestürzt werden. Die Dichter zerbrechen alte Formen von Wohlklang, rhythmischer Ausgewogenheit, Bildhaftigkeit und klarer Gedankenführung im poetischen Kunstwerk und versuchen, ihre Fragen, Forderungen, Nöte und Sehnsuchten durch die Scherben hindurch zum Ausdruck zu bringen.

Die Fragen der Menschenseelen, die von den Dichtern in Worte gebracht werden, entstanden aus der Art der Weltanschauung und des Denkens, welche die heutige Zivilisation hervorgebracht haben. Es ist die Denkart der Neuzeit, der Kulturepoche, in der wir leben und die im 15. Jahrhundert in Europa ihren Anfang nahm.

Die Wende zur Bewußtseinsstufe der Neuzeit, der fünften nachatlantischen Kulturepoche, begann damit, daß der Mensch sich von allem befreien wollte, was ihm aus Zeiten überliefert war, in welchen die Völker die Motive ihres Handelns noch von Göttern durch eingeweihte Priester oder durch besonders begnadete Persönlichkeiten empfingen. Denn die Fähigkeit, die übersinnliche Welt wahrzunehmen oder zu fühlen, war mehr und mehr dahingeschwunden, und so konnte man auch nicht mehr an die Traditionen glauben. Es mußte der Schritt zu einem neuen Verhältnis des Menschen zur Welt und zu sich selbst getan werden. Seitdem wendet der Mensch seine Aufmerksamkeit für die Wahrheitsfindung dem zu, was er mit seiner Sinnesorganisation sehen, hören, tasten kann. Mit nüchternem Sinn beobachtet er als Forscher die Gegebenheiten der Natur. Er macht Versuchsanordnungen, um noch genauer beobachten zu können. Er analysiert das Wahrgenommene und denkt nach, er findet Gesetzmäßigkeiten in physikalischen und chemischen Vorgängen. Er berechnet sie und findet mathematische Formeln. Er lernt die Gesetzmäßigkeiten selbst handhaben und erfindet eine unübersehbare Menge von neuen

Gegenständen und Einrichtungen, alles, was zu unserer technisierten Umgebung auf der Erde und am Himmel der Satelliten gehört. Es entstehen mechanische, magnetische, elektrische, chemische und radioaktive Gebilde. Das technische Zeitalter ist da.

Damit sich ihm die experimentellen Vorgänge in voller Objektivität erschließen, muß der Naturwissenschaftler in seinem Laboratorium alle subjektiven seelischen Reaktionen ausklammern. Vorurteilslosigkeit, Konzentrationsfähigkeit und Selbstdisziplin sind die hervorragenden Eigenschaften, die er an dieser Methode schult. Was das technische Zeitalter dem Menschen vorenthält, soll hier am Beispiel seiner Bewegungsgestalt im zwanzigsten Jahrhundert dargestellt werden.

Der größte Teil der schweren körperlichen Arbeit, welche die Menschen durch Jahrtausende zur Befriedigung ihrer natürlichen Bedürfnisse und ihrer kulturellen und religiösen Bestrebungen geleistet haben, wird heute von Maschinen bewältigt. Der Bauer hat bis vor hundert Jahren von Hand gepflügt, gesät, gemäht und gedroschen. Die Bauersfrau hat gemolken, gebuttert und gesponnen. Die Kinder sind auf Bäume geklettert, haben Reigen getanzt, und sie haben alles gesehen, was die Erwachsenen arbeiten und wie die Gebrauchsgegenstände entstehen: beim Schmied, beim Seiler, beim Schuster. Jeder Handwerker konnte die Arbeit in seinem eigenen Rhythmus tun. In einer Arbeitsgruppe, z. B. beim Dreschen, war der gemeinsame Rhythmus schnell gefunden. Je rhythmischer eine Arbeit getan werden konnte, um so weniger war sie ermüdend. Die Vertrautheit mit rhythmischen Bewegungen war auch in den Volkstänzen lebendig. Seit sich Maschinen auf den Bauernhöfen ausgebreitet haben, bekommt der Volkstanz immer mehr Museumscharakter.

Diese vielen unterschiedlichen Bewegungen sind heute reduziert auf drei stereotype Handgriffe, die nicht im Rhythmus des Menschen, sondern im Takt der Maschine verlaufen: Knöpfe drücken – Hebel schalten – Räder drehen! Das tut der Bauer auf seinem Traktor, der Arbeiter in der Fabrik, gleichgültig, was dort hergestellt wird, die Sekretärin an der Schreibmaschine, die Hausfrau an der Waschmaschine und jeder Autofahrer. Die Kinder stehen da und bedienen die Fernsteuerung ihrer Spielzeugautos.

Jeder, der eine Maschine kauft, bekommt eine Bedienungsanweisung. Die berechtigte Freude darüber, daß er nun viel weniger körperliche Anstrengung aufbringen muß, läßt ihn übersehen, daß er die Maschine bedient. Er muß ihr seine Bewegungen und deren Tempo vollständig anpassen.

So wie der Ingenieur, wenn er eine Maschine konstruiert, nur den mathematischen und physikalischen Gesetzen folgen darf, so muß auch der Mensch, der die Maschine bedient, alle Emotionen, alle persönlichen Gefühle aus seinem Bewegungsorganismus fernhalten und darf nur den Gesetzen des Mechanismus folgen.

Die Bewegungsgestalt des Arbeiters an der Maschine entspricht der Bewußtseinshaltung des Ingenieurs.

Beide sind von Freude und Stolz erfüllt, daß der Mensch Naturgesetze bis hin zur Erfindung einer Maschine beherrschen kann und daß dem Körper eine gewaltige Arbeitslast abgenommen wird. Das erzeugt das Gefühl der Souveränität, der Unabhängigkeit von der Natur, von der göttlichen Schöpfung, von allem Überlieferten. Doch wird die Tatsache, daß die großen Errungenschaften der Neuzeit auch große Einseitigkeiten mit sich brachten, uns täglich schmerzlich offenbar: Der Mensch, dem die Natur so vielseitige Bewegungsmöglichkeiten mitgegeben hat, leidet von Kindesbeinen an unter Bewegungsarmut.

Wie kann in dieser Notlage eine Wende eintreten? Ist es überhaupt möglich, einen Ausgleich zu finden für das, was in früheren Zeiten an vielfältigem Erleben für jeden einzelnen mit der körperlichen Arbeit verbunden war? Die eigenen Gedanken und Überlegungen, die in das handwerkliche Tun hineinflossen, die Freude am Gelingen, der Schmerz über Unvollkommenes, der soziale Zusammenhang vom Ursprung des Rohstoffes bis zum Aushändigen des fertigen Produktes an den Empfänger, der es gebrauchte – alles war persönlichkeitsnah! Heute ist vieles fremd, undurchschaubar. Wenn wir auf einen Knopf drücken, können wir diesem nicht ansehen, ob es hell oder warm werden oder klingeln wird – wie das alles vor sich geht, weiß allein der Elektroingenieur.

Die Frage ist, wie wir wieder zu einer Bewegung unserer Gliedmaßen kommen können, in die unsere ganze Persönlichkeitskraft einfließen kann, so wie sie sich seit der Neuzeit herausgebildet hat. Wenn wir darüber nachdenken, wird uns klar, daß Bestrebungen, Bewegungen zu finden, die unserer gegenwärtigen Situation gerecht werden sollen, nicht vergangenheits-, sondern zukunftsorientiert sein müssen.

Die Versuche, Bewegungsarmut, die aus den Veränderungen der täglichen Arbeit resultiert, auszugleichen, sind zahlreich. Vom Turnvater Jahn bis zum Jogging liegt dabei der Kernpunkt des Interesses doch in der Frage: Welche Bewegung braucht der physische Körper? Wenn wir uns zur Beantwortung dieser Frage nicht radikal von den Vorstellungen der technischen Welt lösen und unseren Bewegungsorganismus nur als eine Art Mechanismus mit Scharnier- und Kugelgelenken ansehen, den man beweglich halten muß, damit er nicht «rostet», wenn wir uns das Herz als Pumpe vorstellen, dann haben wir uns nicht nur ungenügend von maschinennahen Bewegungen distanziert, sondern wir haben die Einseitigkeiten noch verstärkt! Wir haben dem technischen Denken Einlaß gewährt in Gebiete, in die es gar nicht eindringen darf: in das Reich des Lebendigen und in das Reich der Persönlichkeit.

Es ist nicht ohne Bedeutung, aus welchen seelischen Motiven die körperliche Bewegung gebildet wird. Selbst bei den Olympischen Spielen, deren ursprüngliche Fünfkampfübungen den Bedürfnissen des Menschen nach natürlicher und kraftvoller Bewegung entsprachen, muß man sich fragen: Können diese Übungen ohne den großen Hintergrund des Tempelheiligtums Olympia, in dem die Wettkämpfer das Bewußtsein hatten, daß sie sich zu Ehren der Götter bewegten, die ihnen ihren schönen Leib geschenkt hatten, einfach so in das technische Zeitalter übertragen werden?

Wäre es nicht notwendig, solche Spiele aus einem neuen, dem heutigen Bewußtsein adäquaten Hintergrund hervorgehen zu lassen?

Von dem Motiv, daß der Mensch dieses Jahrhunderts sich über alle Begrenzungen hinweg eine neue Freiheit der persönlichen Gestaltung auf dem Gebiete der Bewegungskunst erobern müsse, waren die Künstler des modernen Ausdruckstanzes beseelt. Sie befreiten sich von allen stilistischen Traditionen des klassischen Balletts und von allen überlieferten Formen der Tanzkunst. Sie suchten aus ihrem künstlerischen Empfinden heraus neue Wege, ihre emotionalen Erlebnisse zum Ausdruck zu bringen. Einzelne große Künstlerpersönlichkeiten haben die kulturelle Szene belebt und bereichert: Jaques Dalcroze, Isadora Duncan, Rudolf Laban, Mary Wigman, Harald Kreutzberg, Marcel Marceau. Es sind groß angelegte Vorstöße, die das dringend Notwendige anstreben: daß der denkende und fühlende, der seele- und geistbegabte Mensch seine Bewegungen aus dem, was in seinem Inneren an freien, schöpferischen Kräften entfaltet werden kann, impulsiert und gestaltet.

Doch kommt man zu der Erkenntnis, daß die Art des Bewußtsein, aus der die heutige Zivilisation hervorgegangen ist, dieses Streben begrenzt. Diese Art hat nicht nur Bewegungsarmut im beruflichen und täglichen Leben hervorgerufen, sondern sie hat auch das sinnlich Wahrnehmbare, das Berechenbare, das Wägbare so überbewertet, daß wir das nicht Berechenbare, das Imponderable, das Übersinnliche in seiner Beziehung zur seelischen und geistigen Natur des Menschen vernachlässigen. Um diese Begrenzung zu überwinden, bedarf es eines weiteren Schrittes in der Entwicklung des Bewußtseins.

Rudolf Steiner hat einen Weg gezeigt, auf dem die naturwissenschaftliche Erkenntnismethode eine neue Richtung einschlagen kann und auf dem sie in der Art weiterentwickelt werden könnte, daß die Gebiete des Lebendigen, des Seelischen und des Geistigen dem Forscher zugänglich gemacht werden.

Er hat diesen Weg in philosophischer Form in seinem Buche «Die Philosophie der Freiheit» dargestellt.[15] Er hat ihn als eine Erweiterung der naturwissenschaftlichen Forschungsmethode aufgezeigt, als er Goethes naturwissenschaftliche Schriften herausgab. Und er hat ihn als meditativen Übungsweg für alle Menschen zugänglich gemacht in dem Buche «Wie erlangt man Erkenntnisse der höheren Welten?»[16]. Nachdem er so die Grundlage geschaffen hatte zu einem neuen Schritt der Bewußtseinsentwicklung, gab er Anweisungen für eine neue Bewegungskunst, die diesem erhöhten Bewußtsein entspricht, für die Eurythmie.

II.
Goethes Metamorphosenlehre
und ihre Weiterentwicklung
durch Rudolf Steiner

Schon als Kind hatte Rudolf Steiner die Fähigkeit übersinnlicher Wahrnehmung. Als ihm bewußt wurde, daß andere Menschen diese Fähigkeit nicht besaßen und ihn gar nicht verstanden, wenn er von seinen Wahrnehmungen sprach, suchte er nach Persönlichkeiten, sowohl unter den Zeitgenossen als auch in der Geistesgeschichte, zu denen er eine Beziehung anknüpfen konnte, um diese Kluft zu überbrücken.

Während seiner Studienjahre an der Technischen Hochschule in Wien – er studierte Mathematik, Chemie und Naturgeschichte – wurde er gewahr, daß sich nirgends eine Verbindung herstellen ließ zwischen dem, was in den Gelehrten und Forschern seiner Zeit als Denkungsart lebte, und dem, was ihn selbst aus seiner Einsicht in die übersinnliche Wirklichkeit heraus bewegte.

Beim Studium von Goethes naturwissenschaftlichen Schriften entdeckte Steiner, daß Goethes Weltanschauung in ihren Grundlagen und ihrer Zielrichtung so geartet ist, daß durch sie der Naturforscher die Gesetze der organischen Natur denkend erfassen kann. Er erkannte, daß Goethe danach strebte, das Wesen des Organismus als eines übersinnlichen Ganzen zu erfassen, aus dem die einzelnen Bildungsgesetze mit ihren unerschöpflichen Verwandlungsmöglichkeiten hervortreten.[17]

Der zur Technik hin orientierte Wissenschaftler jedoch hat sich in seinem Laboratorium einen isolierten Bereich geschaffen, aus dem er das Gebiet des Lebendigen in der Natur, dasjenige der Gefühlsregungen, der künstlerischen Schöpferkraft und der sittlichen Ideale ausklammert. Er kann auf den Gebieten der Physik und der anorganischen Chemie die Eigenschaften der Stoffe, ihre Kräfte und Gesetzmäßigkeiten kennen lernen und sie in mathematische Formeln bringen. Dann stehen die Erfahrungen auf dem sicheren Boden der Berechenbarkeit und der Beweisbarkeit.

Die großen Leistungen auf technischem Gebiet, die wir alle schätzen und benützen, und ihr uneingeschränkter Siegeszug über die ganze Erde hin haben sein Tun voll gerechtfertigt. Mit Selbstsicherheit kann er so weiter theoretisieren, experimentieren und praktizieren – ohne Seitenblick auf die Leben erzeugenden und Leben bewahrenden Naturgesetze und ohne Berücksichtigung etwaiger Auswirkungen seines Tuns auf soziale Zusammenhänge, auf die Würde des einzelnen Menschen. Sich darum zu kümmern, so denkt er wohl, sei die Sache anderer Spezialisten: der Biologen, Historiker, Soziologen usw.

Das ist es auch. Doch wäre es nicht sachgerecht, wollten diese Spezialisten die Forschungsmethode, welche für die anorganische Natur geeignet ist, auf ihre Gebiete anwenden. Denn mit einer solchen Methode ist nicht vorauszusehen, welche Wirkungen Eingriffe der Technik und der Chemie auf den ganzen Naturzusammenhang haben werden. Daran ist nicht die Technik schuld, sondern der Mangel an Erkenntnissen über Lebensvorgänge und Lebenszusammenhänge in ihrer Gesamtheit.

Will man das Lebendige erkennen, so ist es notwendig, gerade das Nichtberechenbare, das Nichtmeßbare, das Imponderable – das Übersinnliche -, das in allen Organismen in größter Differenziertheit wirksam ist, in seinen Gesetzmäßigkeiten zu erforschen.

Goethe hat in seinen naturwissenschaftlichen Arbeiten eine Methode zu solcher Forschung vorbereitet. Steiner hat, daran anknüpfend, weite Ausblicke erschlossen; er hat gezeigt, wie der Weg zur Erkenntnis übersinnlicher Vorgänge im Reich des Lebendigen jedem denkenden Menschen offen steht, wenn er sich nur Unbefangenheit und Vorurteilslosigkeit zu eigen gemacht hat.

Im Goethe-Jahrbuch 1891 schreibt Steiner:[18]

«Das Gesetzmäßige des Organismus darf nicht auf demselben Gebiete gesucht werden wie das des Unorganischen. In der Wissenschaft der unorganischen Natur habe ich meine Aufgabe vollkommen erfüllt, wenn es mir gelungen ist, das, was ich mit den Sinnen wahrnehme,

nach seinem ursächlichen Zusammenhang zu erklären. Im Organischen muß ich solche Tatsachen der Erklärung unterwerfen, die für die Sinne nicht wahrnehmbar sind. Wer an einem Lebewesen nur das betrachten und zur Erklärung herbeiziehen wollte, was er an demselben mit den Sinnen wahrnimmt, der genügte vor dem Forum Goethescher Wissenschaftlichkeit nicht.»

In seiner Selbstbiographie «Mein Lebensgang» schreibt er [19]:

«Im Erkennen des Anorganischen wird Begriff an Begriff gereiht, um den Zusammenhang von Kräften zu überschauen, die eine Wirkung in der Natur hervorbringen. Dem Organischen gegenüber ist es notwendig, einen Begriff aus dem anderen so hervorwachsen zu lassen, daß in der fortschreitenden lebendigen Begriffsverwandlung *Bilder* dessen entstehen, was in der Natur als gestaltete Wesen erscheint. Das hat Goethe dadurch erstrebt, daß er von dem Pflanzenblatte ein Ideenbild im Geiste festzuhalten versuchte, das nicht ein starrer, lebloser Begriff ist, sondern ein solcher, der sich in den verschiedensten Formen darstellen kann. Läßt man im Geiste diese Formen auseinander hervorgehen, so konstruiert man die ganze Pflanze. Man schafft auf ideelle Art den Vorgang in der Seele nach, durch den die Natur in realer Art die Pflanze gestaltet.»

In der Einleitung zu Goethes «Morphologie» faßt Steiner zusammen:[20]

«Es ist wahr, daß Goethe eine Reihe großer Einzelentdeckungen gemacht hat … Aber als belebende Seele aller dieser Einzelheiten haben wir … eine großartige, alles übrige in den Schatten stellende Entdeckung ins Auge zu fassen: *die des Wesens des Organismus selbst.* …

Die Größe dieses Gedankens … geht einem nur dann auf, wenn man versucht, sich denselben im Geiste lebendig zu machen, wenn man es unternimmt, ihn nachzudenken. Man wird dann gewahr, daß es die in die *Idee* übersetzte Natur der Pflanze selbst ist, die in unserem Geiste ebenso lebt wie im Objekte.»

Goethe hat seine Weltanschauung praktiziert, er hat wenig darüber reflektiert. Rudolf Steiner jedoch erschien die Tatsache, daß Goethes Denken Bilder gestaltet, die in ihrer Folgerichtigkeit im Einklang mit den formbildenden Wachstumsgesetzen der Pflanzennatur stehen, von derart weittragender Bedeutung, daß er eine philosophische Rechtfertigung der Goetheschen Denkungsart schrieb. Er wollte den Zeitgenossen, deren Interesse solchen Weltanschauungsfragen hätte zugewendet sein müssen, den Zugang zu Goethes Ideenbildung erleichtern. Die Zeitgenossen haben jedoch Steiners Buch «Grundlinien einer Erkenntnistheorie der Goetheschen Weltanschauung» ignoriert.[21]

Niemand konnte damals (1884) ahnen, daß Steiner die Denkungsart Goethes so erweitern sollte, daß er 28 Jahre später (1912) in seiner Seele «in lebendiger Begriffsverwandlung *Bilder* entstehen lassen würde», aus denen er die eurythmischen Gebärden einzelner Laute im Einklang mit den naturgegebenen Fähigkeiten menschlichen Sprechens entwickeln konnte. (Diese vereinfachte Parallelisierung sagt nichts darüber aus, welch umfassende Geisteskraft von Steiner aufzubringen war, um Goethes Ideen so zu erweitern, daß ein Ideenbild von der Gesamtheit des Menschenwesens und seinen Metamorphosen entstehen konnte.)

In vielen Menschen, die Eurythmie kennen lernen, steigt die Frage auf, wie Steiner dazu gekommen sei, so klare und eindeutige Gebärden für eine sichtbare Bewegungssprache, die der hörbaren entspricht, auszubilden. Dem an dieser Frage interessierten Leser sollen einige Stationen auf dem Wege von Goethescher Denkart zur anthroposophischen Geisteswissenschaft vorgestellt werden.

Wenn der Menschengeist Lebendiges erkennen will, möge er sein Vorstellen, sein Denken so beleben, daß er beides in der Art des Werdens, Verwandelns und Vergehens der Organismen in Bewegung bringt.

In der Prosa-Abhandlung und dem gleichbenannten Gedicht über die «Metamorphose der Pflanzen»[22] lädt der Naturforscher und Dichter Goethe den Leser ein, die Entwicklung einer zweikeimblättrigen Einjahrespflanze beweglich denkend in seiner Vorstellung nach- oder mitzuvollziehen. Der empfohlene Weg verlangt unermüdliche Aufmerksamkeit auf die *werdende* Pflanze. Jeder muß ihn selber erwandern.

...

Alle Gestalten sind ähnlich, und keine gleichet der andern;
Und so deutet das Chor auf ein geheimes Gesetz,
Auf ein heiliges Rätsel ...
Werdend betrachte sie nun, wie nach und nach sich die Pflanze,
Stufenweise geführt, bildet zu Blüten und Frucht.
Aus dem Samen entwickelt sie sich, sobald ihn der Erde
Stille befruchtender Schoß hold in das Leben entläßt,
Und dem Reize des Lichts, des heiligen, ewig bewegten,
Gleich den zärtesten Bau keimender Blätter empfiehlt.
Einfach schlief in dem Samen die Kraft; ein beginnendes Vorbild
Lag, verschlossen in sich, unter die Hülle gebeugt,
Blatt und Wurzel und Keim, nur halb geformet und farblos;
Trocken erhält so der Kern ruhiges Leben bewahrt,
Quillet strebend empor, sich milder Feuchte vertrauend,
Und erhebt sich sogleich aus der umgebenden Nacht

...

Die Aufmerksamkeit des Forschers gilt also nicht allein den einzelnen sichtbaren Stadien des Wachstums, sondern vor allem dem, was zwischen denselben geschieht. Wie haben die lebendigen Bildekräfte zwei hellgrüne Keimblättchen und ein weißes Würzelchen hervorgebracht? Der Forscher, der, den Anregungen Goethes folgend, sich dies unaufhörlich frägt, wird erste einfache Gesetzmäßigkeiten finden und denkend bewegen: Die unsichtbaren Bewegungsströme, welche hinführen zu den Polaritäten von

Systole, dem Zusammenziehen – in Knoten, Knospe, Samenkorn – und

Diastole, dem Ausdehnen – in das sich entfaltende Blatt, in die sich öffnende Blüte.

Er wird die Bewegungsströme mitvollziehen, welche geleitet werden von der

Vertikaltendenz, – deren Wirkung in Stengel, Stamm, Pfahlwurzel sichtbar ist – und der

Horizontaltendenz – in Blattspreite, Blattrosetten und kriechenden Ausläufern.

Die Wachstumsbewegung schwingt hin zu diesen polaren Einseitigkeiten, aber ebenso intensiv strebt sie zu einem Ausgleich derselben. So wird aus einem unermüdlichen Hin und Her ein rhythmisches Geschehen; aus dem *Wechselspiel* wird ein *Zusammenspiel* der Bildekräfte.

Solches studierend erkannte Goethe, daß die Verwandlungsmöglichkeiten mit der Hilfe rhythmischer Vorgänge in wunderbarer Fülle dauernd anwesend, immer verwirklichungsbereit sind, so daß er sagen konnte: In jedem Blatt, in jedem Stengel, in jeder Blüte, in jedem *Teil* ist latent die *ganze* Pflanze in vereinfachter Form anwesend, und in jeder ganzen Pflanze ein kompliziert ausgestaltetes Blatt.

«*Urpflanze*» nennt Goethe jene unablässig bewegte, alle pflanzlichen Formen schaffende höhere Ganzheit, die selbst als «Urpflanze» niemals sichtbar wird, die der Mensch jedoch denkend als Idee in seinem Geiste erwecken und beleben kann. Sie bringt ihre formbildenden Kräfte zur Sichtbarkeit im Zusammenhang mit der großen Gesamtheit von Mineralischem, Wäßrigem, Luftigem, Licht und Wärme und mit dem zeitlichen Geschehen von Sommer und Winter, Tag und Nacht. Die Vielfalt rhythmischer Einwirkungen auf das Wachsen und Vergehen der Pflanzen ist unerschöpflich.

Goethe entdeckte, daß auch den Erforscher des Lebendigen im Wechselspiel zwischen Idee und Wahrnehmung ein rhythmisches Element bewegt, und schrieb: «Die Idee ist in der Erfahrung nicht darzustellen, kaum nachzuweisen; wer sie nicht besitzt, wird sie in der Erscheinung nirgends gewahr; wer sie besitzt, gewöhnt sich leicht, über die Erscheinung hinweg, weit darüber hinauszusehen, und kehrt freilich nach einer solchen Diastole, um sich nicht zu verlieren, wieder in die Wirklichkeit zurück und verfährt wechselweise wohl so sein ganzes Leben.»

Aus solchem Erleben heraus wählte er dann für das Gedicht «Die Metamorphose der Pflanzen» die poetische Form der Elegie, in welcher durch die aneinandergereihten Distichen, durch den Wechsel von Hexameter und Pentameter, das rhythmische Element einen dominierenden Rang einnimmt. Den Hexameter mit seinem harmonischen Dahinfließen der «rastlos strömenden Wogen» fühlen wir im Einklang mit dem ewig bewegten Lebendigen des Wachsens, dem sich unsere aktive Denkbewegung zugesellen möchte; im Pentameter mit seinen «Halt»-Pausen fühlen wir die Verwandtschaft mit dem Gerinnen in die Form, auf welcher der Blick dann ruht.

Beim wiederholten Mitdenken der Wachstumsbewegung wird der Übende zu der Erkenntnis geführt, daß die übersinnliche Gestaltungskraft, welche der Einzelpflanze die typische Form verleiht, gerade dann die intensivste Verwandlungsbewegung entfaltet, wenn äußerlich sichtbar am wenigsten geschieht. Bevor und während das Samenkorn keimt oder in der Spanne zwischen dem letzten grünen Laubblatt und dem ersten farbigen Blütenblatt ist der Zuwachs materieller Substanz sehr gering, aber eine übersinnliche Bewegungsintensität ist tätig anwesend.

Für einen Künstler ist das eine vertraute Erfahrung: Kurz *bevor* der Maler den Pinsel zu einem neuen Bild ansetzt, entwickelt er die größte schöpferische Aktivität in seiner Seele. Ebenso der Dichter, bevor er einen Vers formuliert, der Komponist, bevor er die Melodie in Noten aufschreibt, der Eurythmist, bevor er die Bewegung ausführt – sie alle erzeugen in diesem Augenblick die intensivste, regste Seelentätigkeit. Der Künstler hat in solchen Augenblicken eine sichere Vorahnung von der Ganzheit des zu schaffenden Kunstwerkes, auch wenn viele Einzelheiten erst während der Verwirklichung Gestalt annehmen.

Es soll damit auf eine gewisse Verwandtschaft zwischen künstlerischem Gestalten und Erforschen des Lebendigen hingewiesen werden. Aus dieser Verwandtschaft heraus könnte der Künstler dem Naturforscher sagen, daß er die Bildungsgesetze, denen er sich – sie im Denken mitschaffend – zuwenden will, leichter erfassen kann, wenn er die Stufen des Wachsens nuanciert wahrnimmt und sie in seiner Seele mit künstlerischer Phantasie erzeugt: die zarte, scheue Anfänglichkeit des Keimens, das zielgerichtete Aufstreben des Stengels zum Lichte, das sich weitende Ausbreiten der Blätter in der Luft, das entschlossene Eindringen der Wurzeln in den festen Boden, die Geste der Hingabe einer sich öffnenden Blüte, die fast nüchterne Konzentration der Kräfte in der Samenbildung, durch welche das Welken eingeleitet wird.

Das Bemühen, die Gesetze der organischen Natur nach Goethescher Methode im Pflanzenreich zu ergründen, ist eine vortreffliche Vorbereitung zu der Übung, die Rudolf Steiner mitteilt: Man soll das kleine Samenkorn einer Pflanze vor sich hinlegen, es genau betrachten und in seiner Phantasie die Pflanze aufbauen, die daraus entstehen wird:

«Und dann denke man: Was ich mir jetzt in meiner Phantasie vorstelle, das werden die Kräfte der Erde und des Lichtes später wirklich aus dem Samenkorn hervorlocken. Wenn ich ein künstlich geformtes Ding vor mir hätte, das meine Augen nicht von einem wahren unterscheiden könnten, so würde keine Kraft der Erde und des Lichtes aus diesem eine Pflanze hervorlocken... In dem wirklichen Samenkorn ist also etwas *unsichtbar* enthalten, was in der Nachahmung nicht ist. Auf dieses Unsichtbare lenke man nun Gefühle und Gedanken. Man stelle sich vor, dieses Unsichtbare wird sich später in die sichtbare Pflanze verwandeln, die ich in Gestalt und Farbe vor mir haben werde.»[23]

Es ist dies nur eine Übung unter den vielen anderen aus der umfassenden Darstellung in dem Buche «Wie erlangt man Erkenntnisse der höheren Welten?». Daß die Übung nicht botanischen Studien dient, sondern der methodischen Ausbildung der Erkenntniskräfte des übenden Betrachters – darin liegt der entscheidende Impuls zu einer Neuorientierung der Wissenschaft von der organischen Natur. Und daß die Übung an der sichtbaren Wirklichkeit beginnt (am Samenkorn) und am Ende wieder zur sichtbaren Wirklichkeit hinführt (zu der aus dem Samenkorn entstandenen Pflanze, die zu der in der Phantasie aufgebauten in Beziehung gesetzt werden kann), zeigt, daß sich dieser Erkenntnisweg nicht in einen Gegensatz zur heute gepflogenen Naturwissenschaft stellen will. Er will, am Beobachten der sichtbaren Welt anknüpfend, die Gesetzmäßigkeiten unsichtbarer Reiche erschließen. Wie das Auge die Pflanze sieht, so soll ein höherer Sinn ausgebildet werden, der die gestaltbildenden Kräfte wahrnimmt. Die Idee eines Urbildes, die Goethe am vollkommensten in der Urpflanze vor dem inneren Blick hatte und die ihm für das Tierreich fragmentarisch blieb, erfährt durch Rudolf Steiner eine entscheidende Erweiterung.

Steiner zeigt, wie das Erkenntnisvermögen des Menschen so gesteigert werden kann, daß die «höhere Ganzheit durcheinander wirkender Bildungsgesetze» auch für die spezifische Eigenart des Tierreiches und vor allem für das Menschenwesen, das ja eine ganz besondere Stellung im großen Naturzusammenhang einnimmt, methodisch erforschbar wird.

Über den methodischen Schulungsweg hinaus, der oben angedeutet wurde, hat Steiner eine Fülle von Ergebnissen seiner geisteswissenschaftlichen Forschungen in Büchern und Vorträgen mitgeteilt. Ihr Studium steht jedem denkenden Menschen offen. Die «höheren Welten» werden von Steiner differenziert als die Welt der *physischen Körperlichkeit*, in der die Bildekräfte des Lebendigen wirksam sind, die *Seelenwelt* und die *Geisteswelt* geschildert.

Sie stehen in Beziehung zu den verschiedenen Naturreichen. An diesen Zusammenhängen kann der übende Betrachter seine Erkenntnisse über Eigenarten und Zusammenhänge der Mineralien, der Pflanzen, der Tiere und vor allem des Menschen erweitern, klären und vertiefen. Da die eurythmische Kunst ohne diese geisteswissenschaftlichen Forschungen nicht hätte entstehen können, mögen einige referierende Andeutungen hier erlaubt sein.[24]

Mineralisches wird nur von außen bewegt und in seiner Gestalt verändert.

Pflanzen sind Lebewesen. Sie bauen sich auf und ändern ihre Gestalt immerwährend aus sich selbst heraus, denn sie sind von lebendigen Bildekräften durchdrungen. Den Anteil, der die einzelne Pflanze belebt, nennt Steiner den *Bildekräfteleib*. Dieser findet in Wachstum und Fortpflanzung seine volle Erfüllung. Eine Pflanze, die nicht mehr wächst, stirbt ab.

Tiere haben als instinkt- und seelebegabte Lebewesen Anteil an der *Seelenwelt*. Sie können Lust empfinden und Schmerz erleiden und dies durch eigene Bewegungen und Töne kundtun. Sie erfreuen und gefährden uns auch durch ihre arteigenen *Seeleneigenschaften* und -fähigkeiten, die wir aus eigener Erfahrung, aus der Verhaltensforschung und aus den Fabeln kennen. Wenn das Tier ausgewachsen ist, dienen die nicht mehr für das Wachstum benötigten Bildekräfte dem

Ausleben gattungsgeprägter Fähigkeiten, Geschicklichkeiten und Eigenschaften.

Der *Mensch* als geistbegabtes, vielseitig lernfähiges, zu immer größerer persönlicher Freiheit hin sich entwickelndes Wesen hat darüber hinaus Anteil an der *geistigen Welt*. In ihr sind die Schöpfermächte tätig, in ihr urständen die großen Gesetze, nach welchen Erde und Kosmos sinnvoll geordnet sind. Der Mensch ist als einziges Wesen der vier Naturreiche so veranlagt, daß er selbst *geistige Fähigkeiten* in sich entwickeln kann, um diese Gesetze zu erkennen und sie nach seiner Einsicht und seinem Willen zu handhaben. Zu dieser hohen Bestimmung ist er vom ersten Augenblick seines Daseins an hinorientiert. Daher unterscheidet sich sein Bildekräfteleib sehr von dem der immerfort weiterwachsenden Pflanze: Während das Menschenkind die Stufen seiner Entwicklung durchwandert, werden, sobald die einzelnen Wachstums- und Ausgestaltungsziele erreicht sind, die dafür nicht mehr benötigten Bildekräfte frei und dienen nun im Älterwerden seinen seelischen und geistigen Fähigkeiten. Auch die Seele des Menschen unterscheidet sich deutlich von der Tierseele. Sie erhält ihre Anregungen nicht nur aus den angeborenen physisch-leiblichen Instinkten. Sie empfängt die Motive zur Selbstbesinnung, zur Selbstbestimmung, zum Bewußtsein der freien Persönlichkeit von derjenigen Seite, die im Menscheninneren geistiger Natur ist.

Während der Entwicklung vom hilflos daliegenden, schreienden und strampelnden Säugling bis zum besonnen und verantwortungsvoll handelnden Erwachsenen geschehen gewaltige Metamorphosen.

Aus dem subtilen Erforschen dessen, wie die Metamorphosen der körperlichen Wachstumsstufen zu den Bewußtseinsschritten des heranwachsenden Kindes in Beziehung stehen, begründete Steiner eine neue Erziehungskunst: Die Waldorfpädagogik.

Vom Jahre 1900 an hat Rudolf Steiner diese Erkenntnisse durch Bücher, Vorträge und Aufsätze als anthroposophische Geisteswissenschaft einem zuerst sehr kleinen, dann aber einem immer größer werdenden Interessentenkreis mitgeteilt. Vom Jahre 1910 an sah er die Notwendigkeit, sie nun auch in eine künstlerische Gestaltung einfließen zu lassen. In seinem Buche «Mein Lebensgang» berichtet er später darüber:[25] «Geisterkenntnis als Erlebnis gewinnt ja im ganzen

Menschen Dasein. Alle Seelenkräfte werden angeregt. In die gestaltende Phantasie leuchtet das Licht des Geist-Erlebens herein, wenn dieses Erleben vorhanden ist.»

Großzügig und überraschend neuartig trat nun das künstlerische Element in Erscheinung, als Steiner das erste Mysteriendrama «Die Pforte der Einweihung»[26] schrieb, das 1910 in München aufgeführt wurde und dem drei weitere Dramen folgten. Er selbst sagt darüber:[27] «So fühlte ich eben die Notwendigkeit, dasjenige, was das Voll-Lebendige ist, namentlich in der Menschheitsentwicklung, nicht allein bloß theoretisch auszudrücken durch das Wort, sondern auszudrücken durch das szenische Bild. Und so entstanden denn meine vier Mysteriendramen, die zunächst in dem gewöhnlichen Theater zur Darstellung kamen.»

Waren in seinen Büchern und Vorträgen die allgemeinen Bedingungen zur Entwicklung der Menschenseele, die für alle Menschen gelten, aufgezeigt worden, so konnte jetzt in künstlerisch dramatischer Form dargestellt werden, wie sich der Entwicklungsverlauf bei einzelnen Menschen in ihrer Verschiedenheit in eine individuelle Form hinein metamorphosieren kann.

Im Jahre 1911 entstand bei Mitgliedern der Anthroposophischen Gesellschaft der Gedanke, den Aufführungen der Mysteriendramen und der Wirksamkeit der Anthroposophischen Geisteswissenschaft eine eigene Stätte zu bereiten. 1913 wurde in Dornach bei Basel ein Bauwerk begonnen, in dem sich eine Bühne mit großem Zuschauerraum, kleinere Vortragssäle und Nebenräume befanden. Der Baustil dieser Stätte war so neu und ungewöhnlich, daß er keinen Besucher unbeeindruckt ließ.

Das Neue, noch nie Dagewesene bestand darin, daß Bildungsgesetze, die in der Natur einen lebendigen Organismus hervorbringen, hier dem Schöpferwillen einer Künstlerindividualität zur Verfügung standen: Rudolf Steiner. Das Prinzip, daß die höhere, übersinnliche Ganzheit die Gesamtform des Bauwerkes bestimmt, daß sie aber auch in allen Einzelheiten anwesend und formbildend sein kann, wurde in diesem Kunstwerk offenbar. Die geometrisch klaren Grundrißformen des Ganzen und die statischen Notwendigkeiten waren deutlich sichtbar geblieben, aber sie erschienen durch ihre Anordnung zuein-

Südwestansicht des ersten Goetheanumbaues

ander und durch die plastische Ausgestaltung wie von Leben durchhaucht.[28]

Über einem Beton-Unterbau erhoben sich zwei große, sich durchdringende, zylinderförmige, aus Holz gefertigte Rundbauten, die nach oben durch Kuppeln abgeschlossen waren. An der Nahtstelle, wo die beiden Rundungen aneinandergefügt waren, sah man zwei Querflügel angebaut. Besonders eindrucksvoll erlebte man großzügige, plastische, geschnitzte Formen an der Außenwand. Richtete der Betrachter seine Aufmerksamkeit z. B. speziell auf die Fensterformen, so sah er ihre Verschiedenheit und fühlte doch die Verwandtschaft: Jede Form gehörte zum Ganzen, und jede Form war auch ihrer örtlichen Bestimmung angepaßt.

Dem Besucher, der sich auf das Studium dieser Metamorphosen eingelassen hat, könnten die beiden ersten Zeilen des Goethe-Gedichtes in den Sinn gekommen sein:

Alle Gestalten sind ähnlich, und keine gleichet der andern,

Und so deutet das Chor auf ein geheimes Gesetz.

Dabei würde ihm klar geworden sein, warum dieser Bau den Namen «Goetheanum» trug.

Der aus Holz errichtete Bau wurde in der Silvesternacht 1922 durch Feuer zerstört. Ein zweiter aus Eisenbeton gestalteter Bau wurde nach neuen Entwürfen Steiners errichtet. Er zeigt – dem Betonbaustoff entsprechend – ganz andere, aber ebenfalls lebendig bewegte Formen und dient hauptsächlich den von der «Freien Hochschule für Geisteswissenschaft» ausgehenden dramatischen und eurythmischen Darbietungen.[29]

In der Phase der vielfältigen künstlerischen Aktivitäten wurde auch die Notwendigkeit, eine neue Bewegungskunst zu entwickeln, offenkundig. Das neue Bewußtsein von der höheren Ganzheit des Menschen, das die übersinnliche seelische und geistige Natur seines Wesens immer einbeziehen will, strebte danach, auch die künstlerische Bewegungsgestalt zu erneuern. Es zeigte sich bei den Aufführungen der Mysteriendramen, daß bestimmte szenische Vorgänge durch die bewegte Gestalt dargestellt werden mußten. Als ein dafür begabtes junges Mädchen, Lory Smits, den Wunsch hatte, eine Bewegungskunst als Beruf zu erlernen, und Rudolf Steiner gefragt wurde, ob eine solche Kunst in Zusammenhang mit der Anthroposophischen Geisteswissenschaft ausgebildet werden könne, sagte er sofort zu, eine neue Art künstlerischer Bewegung zu entwickeln, und fügte hinzu, daß es sich dabei um eine «sichtbare Sprache» handeln werde.[30]

Jeder, der mit Sprache umgeht und sie liebt, wird überrascht sein, wenn er zum ersten Mal hört: Eurythmie ist sichtbare Sprache. Er wird darüber nachsinnen und erwartungsvoll fragen, wie denn wohl die Körperbewegung ein solch kompliziertes Wunderwerk, wie es die Sprache ist, aufnehmen und zum Ausdruck bringen könne? Denn es gehört doch zu den großen Wundern unseres Daseins, daß der Mensch in seinem Inneren einen Geanken denken, ihn in Worte fassen, die Worte aussprechen kann, daß ein anderer Mensch die Worte hören, sie verstehen und den gleichen Gedanken denken kann und daß dies möglich ist, weil der Mensch alle sichtbaren und unsichtbaren Wesen, Dinge und Vorgänge, die in seinem Bewußtsein leben, mit Namen benennen kann.

Die künstlerisch empfindende Persönlichkeit wird fühlen, daß es sich bei einer Bewegungskunst, die vom Worte ausgehen soll, nur um das poetische Wort des Dichters handeln kann. Dann wird die Fülle poetischer Formen in Epik, Lyrik und Dramatik in ihr aufsteigen, und es wird ihr immer rätselhafter erscheinen, wie diese Vielfalt in der Körperbewegung sichtbar werden soll. Doch wird ihr im staunenden Nachsinnen auch ganz klar zum Bewußtsein kommen, daß die Dichtkunst imstande ist, alle Wahrnehmungen, die höchsten Gedanken, die gegensätzlichsten Empfindungen, kurz, alles, was den Menschen in seiner Innerlichkeit belebt und erfüllt, zu formulieren, und sie wird zu der Überzeugung kommen, daß Bewegungen, in denen diese Innerlichkeit Gestalt annehmen kann, die würdigsten Repräsentanten des Menschentums sein werden.

Solche Erwartungen wurden erfüllt. Im September 1912 erhält Lory Smits in einem mehrtägigen Kurs die ersten eurythmischen Unterweisungen durch Rudolf Steiner. Bald finden sich weitere junge Menschen ein, die eine Erneuerung der Tanzkunst suchen, und es entfaltet sich ein reges eurythmisches Tun. In vielen Unterrichtsstunden und Bühnenproben gibt Steiner weitere Anweisungen grundlegender Art, aber auch Anregungen für die Ausarbeitung einzelner poetischer Werke, Ratschläge für stilistische Besonderheiten, für Eurythmie in anderen Sprachen usw. Im Jahre 1919 ist dann die eurythmische Kunst so weit entwickelt, daß sie der Öffentlichkeit vorgestellt werden kann. Es folgen Aufführungen in vielen Städten Europas. Oft hält Steiner eine kurze einleitende Rede vor der Aufführung und beschreibt, wie diese Kunst aus der Erweiterung der Goetheschen Ideen entstehen konnte.

Auf dem Programmzettel der ersten öffentlichen Eurythmie-Darbietung im Februar 1919 im Pfauentheater in Zürich war zu lesen:[31] «Die als Eurythmie bezeichnete Bewegungskunst, die bisher nur in einem engeren Kreise gepflegt wurde, hat ihren Ausgangspunkt von der Anschauung Goethes genommen, daß alle Kunst die Offenbarung ist verborgener Naturgesetze, die ohne solche Offenbarung verborgen blieben. Mit diesem Gedanken läßt sich ein anderer, ebenfalls Goethescher, verbinden. In jedem menschlichen Einzelorgane findet man einen gesetzmäßigen Ausdruck der menschlichen Gesamtform. Jedes einzelne Glied des Menschen ist gewissermaßen ein Mensch im kleinen, wie – goethisch gedacht – das Pflanzenblatt eine Pflanze im kleinen ist. Man kann diesen Gedanken umkehren und im Menschen einen Gesamtausdruck dessen sehen, was eines seiner Organe darstellt. Im Kehlkopf und den Organen, die im Sprechen und Singen mit ihm verbunden sind, werden durch diese Betätigungen Bewegungen ausgeführt oder auch nur intendiert, die sich in Lauten oder Lautverbindungen offenbaren, während sie selbst im gewöhnlichen Leben unbeobachtet bleiben. Weniger diese Bewegungen selbst, als vielmehr die Bewegungsintentionen sollen nun durch die Eurythmie umgesetzt werden in Bewegungen des Gesamtkörpers. Durch den ganzen Menschen soll sich als Bewegung und Haltung sichtbar machen, was sich im Bilden der Laute und Töne in einem einzelnen Organsysteme unwahrnehmbar abspielt. Durch Bewegungen der Glieder am Menschen kommt zur Offenbarung, was sich im Sprechen und Singen im Kehlkopf und seinen Nachbarorganen vollzieht; in der Bewegung im Raume und in den Formen und Bewegungen von Gruppen wird dargestellt, was durch das Menschengemüt in Ton und Sprache lebt. Dadurch ist mit dieser eurythmischen Bewegungskunst etwas geschaffen, bei dessen Entstehen die Impulse gewaltet haben, die in der Entwickelung aller Kunstformen gewirkt haben. Alles willkürlich Mimische oder Pantomimische, alles Symbolisieren von Seelischem durch Bewegungen ist ausgeschlossen. Der Ausdruck wird durch einen gesetzmäßigen inneren Zusammenhang erreicht, wie in der Musik. Wovon im Wesen des künstlerischen die Tanzkunst einmal ihren Ausgangspunkt genommen hat, wovon sie aber im Laufe der Zeit sich weit entfernt hat, darauf soll die Eurythmie sie wieder zurückführen. Sie will dies aber im Sinne einer wahrhaft modernen Kunstauffassung, nicht durch Nachahmung oder bloße Wiederherstellung eines Alten.»

Die Eurythmie ist nicht als genialer Griff eines Tänzers entstanden. Sie ist durch Rudolf Steiner als eine auf wissenschaftlichem und künstlerischem Gebiet universelle Persönlichkeit geschaffen worden. Steiner hat durch sein Wahrnehmungsvermögen des Übersinnlichen das Menschenwesen in seiner geistigen, seelischen und körperlichen Gesamtheit erkannt. Er hat jedoch auch die gegenwärtige Zeitsituation gesehen. Das technische Zeitalter stellte er als eine unumgänglich notwendige Stufe in der Bewußtseinsentwicklung der Menschheit dar. Und gerade da, wo es seine negativen Seiten zeigt, wo es die Naturzusammenhänge schädigt, das soziale Gefüge stört, die Würde der Persönlichkeit einschränkt, kann ein Fortschritt entstehen, wenn diese Situation dem Zeitgenossen das Bewußtsein weckt zu einer Besinnung auf sein eigenes Wesen, zu seiner Verantwortung der Natur gegenüber.

Wenn im ersten Kapitel des Buches gesagt werden konnte, daß die Bewegungsgestalt des Arbeiters an der Maschine der Bewußtseinsart des Ingenieurs entspricht, so kann hier zum Ausdruck gebracht werden, daß die Bewegungsgestalt der Eurythmie der Bewußtseinsentwicklung entspricht, die der Erforscher des Lebendigen – nach Goethes Weltanschauung – begonnen hat.

III.
Die Beziehung
zwischen seelischer und
körperlicher Beweglichkeit

Jede eurythmische Bewegung hat ihren seelischen Ursprung. Der Eurythmist sucht Grundgesetze des seelischen Lebens sich bewußt zu machen: Die Beziehung der Seele zu ihrer Umgebung, die in vielfältigen Formen von Sympathie und Antipathie, von Hingabe und Selbstbezogenheit zum Ausdruck kommt; das Gespräch der Seele mit sich selbst, das sich in Stimmungen wie Freude und Schmerz, Andacht oder Verzweiflung äußert; die Seelentätigkeiten des Denkens, Fühlens und Wollens, die übersinnlicher Natur sind, auch wenn sie sich auf sinnlich Wahrnehmbares richten.

Damit die Fülle seelischer Regungen gestaltend in den Bewegungsorganismus eingreifen kann, muß sich der Eurythmist von allen gewohnheitsmäßigen, zweckgebundenen Bewegungstendenzen des Alltags befreien; ebenso muß er unbewußte Eigenheiten in seinen Bewegungen erkennen und überwinden. Dann erst hat er den Freiraum erobert, die Eurythmie auszubilden, das heißt, die große Aufgabe in Angriff zu nehmen, ein poetisches oder musikalisches Kunstwerk in allen Einzelheiten und bis in feinste Nuancen hinein als ein Bewegungskunstwerk sichtbar zu machen.

Er wird die freien Bildekräfte, die ihm zu künstlerischer Tätigkeit zur Verfügung stehen, durch seine seelische Aktivität so anregen und verwandeln, daß im Fluß der Bewegung erscheinen kann, was eine Dichterpersönlichkeit aus der Fülle lebendiger Sprachgesetze heraus in ihrer Seele geschaffen hat.

Der Eurythmist, der in einer Aufführung die Bühne betreten hat, bleibt meist vor Beginn seines Stückes einen Augenblick stehen. Im Stehen, vor der Bewegung, ist er in einer ähnlichen Situation wie der Maler vor der weißen Leinwand. Es ist die Haltung der neutralen, gelösten Durchlässigkeit des Körpers und der konzentrierten seelischen Regsamkeit in Bereitschaft für die kommende künstlerische Bewegung. Eine nicht überwundene oder unkontrollierte Einseitigkeit in der Körperhaltung oder eine Belastung der Seele von Alltagseindrücken wäre wie ein Fleck auf der weißen Leinwand.

Eine Übung für das vorbereitende Stehen könnte mit der Frage beginnen: Wie stehe ich in meiner Umgebung, wie stehe ich in der Welt? Und die Antwort könnte folgendermaßen lauten: «*Unter meinen Füßen* habe ich den festen Boden. Er gibt mir das Erlebnis von Sicherheit und Standfestigkeit.» Und wenn der Übende das Wort «standfest» wählt, kann ihm aufgehen, daß er Worte der sinnlichen Wahrnehmung im übertragenen Sinne auch auf Seelisches anzuwenden bereit ist. Oder ist es umgekehrt? Jedenfalls macht er die Erfahrung, daß man die Beziehung zwischen der seelischen Sicherheit und Standfestigkeit und dem äußeren körperlichen Dastehen ins Bewußtsein heben kann.

«*Mein Umkreis* ist erfüllt von Vorgängen, Lebewesen und Gegenständen. Der Umkreis läßt mich erleben: Ich bin Mittelpunkt.» Der Eurythmist macht sich deutlich, daß er das Bewußtsein, Mittelpunkt zu sein, vornehmlich dem Umkreis verdankt. Solches läßt ihn ahnen, daß schon im Stehen verborgen liegt, was dann in der Bewegung in unendlicher Vielfalt in Erscheinung treten wird: das Zwiegespräch zwischen Ich und Welt.

«*Über mir der Himmel.* Er gibt mir die Wahrnehmung von Höhe, Weite und Bläue – und das Erlebnis, daß ich mich frei orientieren kann.» Das intensive Erlebnis von Unendlichkeit über seinem Haupte wird seine seelische und körperliche Aufrichtekraft aktivieren und diese allmählich in der Körperhaltung sichtbar werden lassen.

Im Üben des Stehens gewinnt der Eurythmist die Ausgewogenheit zwischen Leichte und Schwere, zwischen Selbstgefühl und Hingabe an den Umkreis, aus der sich dann die eurythmische Bewegung frei entfalten kann.

Ein anderes, neues Gleichgewicht muß der Eurythmisierende suchen, wenn er das *Gehen*, das Schreiten übt.[32] Mit dem Willensimpuls zur Bewegung hebt sich der rechte Fuß – mit der Ferse zuerst – vom Boden in die Leichte. Er wird wie schwebend, jedoch nahe am Boden und sehr zielbewußt nach vorne getragen. Dort berührt er – mit der Fußspitze zuerst – den Boden und wird mit größter Sensibilität der Fußsohle sicher und tatkräftig aufgestellt, während der linke Fuß sich für den nächsten Schritt zu heben beginnt. Wenn der Eurythmist seine Aufmerksamkeit auf diesen Vorgang lenkt, darf er die locker aufgerichtete Haltung, die er im Stehen gewonnen hat, nicht aufgeben. So wie das kleine Kind unbewußt laufen gelernt hat, so soll es jetzt der Übende bis in jede Einzelheit vollbewußt noch einmal neu lernen, so daß sich die neue Bewegungsart entwickeln kann.

In dem so einfach aussehenden, aber doch schwer zu erreichenden Schreiten mit seinen drei Phasen – Heben, Tragen und Aufstellen des Fußes – sucht er sich dem Urbild des schreitenden Menschen zu nähern, er sucht persönliche Angewohnheiten und unbewußte Hindernisse zu überwinden. Wenn er es erreicht hat, das Schreiten in jeder Geschwindigkeit und nach allen Raumesrichtungen auszuführen – vorwärts, rückwärts, seitwärts –, so hat er sich die Grundlage geschaffen und den Freiraum erobert zu den unzähligen Schrittvariationen, die ihm für eine künstlerische Gestaltung zur Verfügung stehen müssen. Die künstlerische Phantasie wird ihn beflügeln, für jede poetische Aussage die entsprechende Schrittgestalt zu finden.

Der Eurythmisierende kann zum Beispiel die erste Phase, das Lösen des Fußes vom Boden, gegenüber den beiden anderen Phasen hervorheben. Dadurch wird Leichtigkeit, Fröhlichkeit, die bis zu jubelndem in die Höhe Springen gehen kann, sichtbar. Aber auch das energische Losgehenwollen kann durch die Akzentuierung der ersten Phase des Schrittes zur Geltung kommen.

Die zweite Phase, das zielgerichtete Weiterführen des vom Boden gelösten Fußes erschließt viele Variationsmöglichkeiten in bezug auf die Art der Fortbewegung. Eine ruhige, klare, gleichmäßige Schrittführung auf langen, geraden Wegformen wird eine nüchterne gedankliche Aussage zum Ausdruck bringen. Fließende Schritte in vielgestaltigen Wegformen können in einer epischen Beschreibung den Betrachter überzeugen. Sind die Schritte schneller und größer, als es zur Körpergröße paßt, so kommt ein ungeduldiges Vorwärtsstreben zum Vorschein. Wenn ein Eurythmist auf der Bühne mit überlangen, vorsichtig schleichenden Schritten auf Schlangenlinienwegen daher-

kommt, weil er in einem Märchen eine Hexe oder einen Dieb darzustellen hat, so kann man die böse Absicht an jedem Schritt sehen.
Und die etwas gebückte Haltung, die er dabei einnimmt, zeigt,
daß solche Kreaturen den Himmel nicht beachten und daß ihnen
die Aufrichtekraft fehlt. Das Aufstellen des Fußes kann bis zum Stam-
pfen betont werden, wenn Selbstbewußtsein, Tatkraft oder Mut zum
Ausdruck gebracht werden sollen. Wenn es jedoch ein zögerndes
oder der Schwere nachgebendes Aufsetzen ist, so entspricht es der
Stimmung von Schwäche, Müdigkeit, Trauer oder Sorge. In der
eurythmischen Darstellung des folgenden Gedichtes von Albert
Steffen[33] wird eine ausgeprägte künstlerische Schrittgestaltung die
Gegenüberstellung der Seelenstimmungen besonders eindrucksvoll
zeigen können:

Ich bin schon unten, wenn ich geh   } (nur vier schwere Schritte
so schleppend-schwer,   auf die betonten Silben)
und leb noch oben, wenn ich seh   } (viele leichte schwebende,
das Sternenheer.   gleichmäßige Schritte)

Ich bin schon nahe meinem Fall,
gleit' grubenwärts,
und fühle schweben noch im All
mein ewiges Herz.

Ich bin schon tote Erdenschicht,
verwes im Grab,
Und ungeboren noch im Licht
ström ich herab.

Große Beweglichkeit der Füße muß dem Eurythmisierenden zur
Verfügung stehen, wenn er den rhythmischen Verlauf einer Dichtung
als Bewegung seiner ganzen Gestalt sichtbar machen will. Ob die
rhythmisch-metrische Form minutiös ausziseliert werden soll – durch
kleine oder leichte Schrittchen für kurze oder unbetonte Silben und
durch lange oder kräftige Schritte für lange oder betonte Silben -, ob
eine Satz- oder Zeilenbetonung hervorgehoben werden soll, immer
ist es die Flexibilität der Füße, welche die ganze bewegte Körperge-

stalt für die rhythmische Gebärde erst frei macht. In noch ganz anderer Weise wird die Mannigfaltigkeit des Schreitens gefordert, wenn Wort, Begriff und Satzgefüge dadurch zum Ausdruck gebracht werden, daß der Eurythmist gerade, gebogene, runde oder eckige Formen mit Feinfühligkeit für die Beziehung zwischen Sinn und sprachlicher Form einer Dichtung auszuführen hat.

Arme und Hände sind die vielseitigsten Glieder des menschlichen Bewegungsorganismus. Sie werden am schönsten das nie endende Wechselgespräch sichtbar machen, welches sich zwischen Mittelpunkt und Umkreis, zwischen Seeleninnerem und äußeren Erscheinungen, zwischen Ich und Welt ereignet. Wir sind fortwährend von Vorgängen und Dingen umgeben, die wir durch unsere Sinne wahrnehmen. Wir wählen jedoch fortwährend aus, was wir, unserer Individualität entsprechen aus der Flut der Eindrücke uns zu eigen machen wollen. Die Art, wie wir die Umwelt erleben, wie wir sie annehmen oder ablehnen, wie wir sie mit unserem Bewußtsein ordnen und verarbeiten, entstammt dem innersten Kern unseres Wesens. Sie bestimmt unser Handeln, das wir wieder in den Umkreis einfließen lassen. Je mehr wir diese Selbstbestimmung ausgestalten, um so mehr wird uns unser Menschsein bewußt. Für den Eurythmisten ergibt sich in der Geste der weit und hoch hinaus gespreizten Arme, Hände und Finger das völlige Hingegebensein an den Umkreis. Von dort führt er die Hände allmählich und auf direktem Wege zur Mitte des Oberkörpers heran, bis sie – die Fingerspitzen der nun leicht gebeugten Hände nahe am Brustbein – zur Ruhe kommen und die Geste der tiefsten Innerlichkeit erreicht ist. Dann führt er die Hände wieder zurück in die Anfangsgebärde, in den weiten Umkreis hinaus. Ein zartes Senken und Heben des Kopfes begleitet die beiden Bewegungen.

Die Wirkung der zusammenziehenden, sich auf den Mittelpunkt konzentrierenden Armbewegung kann unterstützt und gesteigert werden, indem mehrere sich bewegende Menschen, an der Peripherie eines Kreises beginnend und koordiniert mit der Bewegung der Arme, gemeinsam dem Kreismittelpunkt zustreben. Nach einer Körperdrehung gehen sie wieder an die Peripherie zurück. Die Gruppe kann die Peripherie auch rückwärts schreitend erreichen, das «Außen» hinter sich empfindend und die Arme hoch hinaus, leicht nach hinten führend.

Will ein einzelner Eurythmist die Bewegung der Arme durch eine entsprechende Wegform verstärken, so deutet er das «außen» auf einer kurzen Strecke nahe der Kreislinie noch an, um sich dann in einer Schneckenlinie dem Mittelpunkt zu nähern. Auf dem gleichen spiralförmigen Weg kehrt er zur Peripherie zurück.

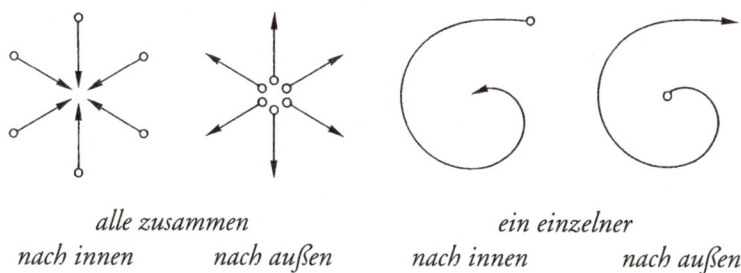

alle zusammen   *ein einzelner*

nach innen   nach außen   nach innen   nach außen

Auch diese Übung soll der Eurythmisierende in urbildlicher Klarheit – als Systole und Diastole im Sinne Goethes – souverän ausführen können, bevor er die unzähligen Differenzierungen gestaltet, die daraus entspringen.

Betrachtet er das «Innen» und «Außen» als *polare* Einseitigkeiten, so wird er dem Ankommen an den *Endpunkten* der Spiralform und dem dort Verweilen die größte Sorgfalt widmen. Das Zusammenziehen nach innen kann zum Beispiel aus einem schmerzvollen Erleben heraus so stark ausgeführt werden, daß es den ganzen Körper zu einer tiefen Beugung bringt. Im Weinen wäre dann schon wieder eine leichte Lösung da. Das Ausdehnen kann aus der Stimmung ausgelassener Heiterkeit in flatternder Bewegung der gespreizten Arme mit hüpfenden Schritten den Umkreis erreichen, im Lachen wäre dann schon wieder ein leichtes sich Festigen da. Es kann ein geballtes sich Behaupten oder ein grübelndes Nachdenken einem lässigen sich Verlieren in tausend Einzelheiten gegenüberstehen oder die Einsamkeit der Geselligkeit, der Geiz der Verschwendung, das ängstliche an sich Halten dem mutigen Hinausstürmen.

Wenn der Eurythmist nicht den Einseitigkeiten, sondern der

Verbindung zwischen innen und außen, der Beziehung zwischen Welt und Ich seine Aufmerksamkeit widmet, wird er nicht die Endpunkte, sondern den dazwischenliegenden *Weg* in der Gestaltung hervorheben. Es erfordert Seelenkraft, den weiten Überblick über den Zusammenhang zwischen den Polaritäten im Bewußtsein herzustellen und zu halten: Welche Empfindung ruft das draußen Wahrgenommene im Innern der Seele hervor? Welche Wirkung wird ein Entschluß, wenn er zur Tat wird, im Umkreis ausüben? Wenn der Eurythmist unablässig mit künstlerischem Sinn diesen Fragen nachspürt, wird er finden, daß es für jedes Geschehen im Umkreis eine Entsprechung in der Menschenseele gibt. Und es wird sein tiefstes Interesse erregen, auf welche Weise Dichterpersönlichkeiten diesen Zusammenhang in poetische Formen bringen.

Rudolf Steiner stellt die Größe der Beziehung zwischen Ich und Welt dar in dem Spruch:[34]

Erkennt der Mensch sich selbst:
Wird ihm das Selbst zur Welt;
Erkennt der Mensch die Welt:
Wird ihm die Welt zum Selbst.

Den Eurythmisten gibt er Anregungen, Spiralformen in allen Variationen zu entwerfen. Zu einer Übung für «Kinder und junge Leute», an der vier Mitwirkende beteiligt sind, fügt er die gedankliche und sprachliche Prägung

Schau in dich! Schau um dich![35]

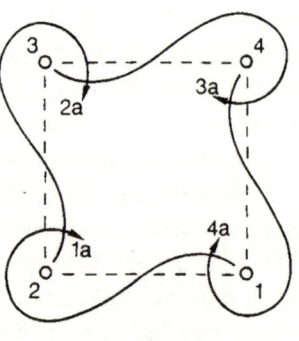

Schau in dich! (Hinweg einwickelnd) vokalisch

Schau um dich! (Rückweg auswickelnd) konsonantisch

(1 geht zu 1a und wieder zurück; 2 geht zu 2a und wieder zurück, usw. Die Form ist frontal zu laufen.)

Goethe ist mit diesem Motiv besonders vertraut. Man findet es in seinen Werken in phantasievoller Vielfalt. So in dem Spruch:[36]

> Wär nicht das Auge sonnenhaft,
> Die Sonne könnt' es nie erblicken;
> Läg' nicht in uns des Gottes eigne Kraft,
> Wie könnt' uns Göttliches entzücken?

Und in dem großen Gedicht «Urworte Orphisch» (Teil der 1. Strophe):[37]

> Wie an dem Tag, der dich der Welt verliehen,
> Die Sonne stand zum Gruße der Planeten,
> Bist alsobald und fort und fort gediehen
> Nach dem Gesetz, wonach du angetreten...

Sowie in dem sehr frühen kleinen Gedicht:[38#]

An Kenner und Liebhaber

> Was frommt die glühende Natur
> An deinem Busen dir,
> Was hilft dich das Gebildete
> Der Kunst rings um dich her,
> Wenn liebevolle Schöpferkraft
> Nicht deine Seele füllt
> Und in den Fingerspitzen dir
> Nicht wieder bildend wird.

Von lapidarer Prägnanz ist der Sinnspruch des Angelus Silesius:[39]

> Wer sich den Mittelpunkt zum Wohnhaus hat erkiest,
> Der sieht mit einem Blick, was in dem Umkreis ist.

Die Form des Zweizeilers (bei Angelus Silesius als Alexandriner, dem sechsfüßigen Jambus mit Endreim) gibt der Gegenüberstellung von zwei Polaritäten das poetische Gewand. Auch der antike Zweizeiler, das Distichon, bringt – schon durch die verschiedene metrische Form der beiden Zeilen – Gegensätzliches treffend zum Ausdruck und oftmals auch den Gegensatz «innen» und «außen». So ist in dem schon erwähnten Distichon von Schiller solches, wenn auch verborgener, zu finden:[40]

Der Epische Hexameter

Schwindelnd trägt er dich fort auf rastlos strömenden Wogen,
Hinter dir siehst du, du siehst vor dir nur Himmel und Meer.

In der ersten Zeile dominiert das passive Hingegebensein an die unendliche rhythmische Wellenbewegung; dies könnte in der eurythmischen Darstellung eine peripherisch gelaufene Wellenlinie anschaulich machen. In der zweiten Zeile mit ihren beiden scharfen Zäsuren (die erste entsteht durch den Satzbau, die zweite durch die metrische Form: ... siehst du/ du siehst/ vor dir ...) herrscht das aktivere innere Reflektieren, aus dem das Bild von Himmel und Meer entsteht; es könnte durch eine Spirale, die nach innen und wieder nach außen geführt wird (so spiegelbildlich wie die Wortstellung ‹siehst du/ du siehst›) sichtbar werden.

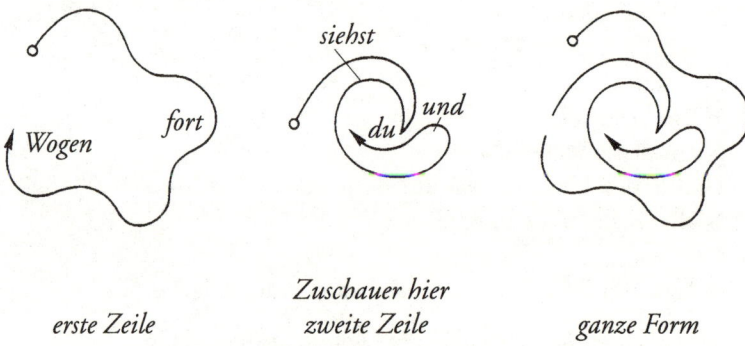

erste Zeile   zweite Zeile   ganze Form

Die Sehnsucht, den Innenraum der Seele aufzusuchen, ihn durch Erfahrungen des persönlichen Gefühls zu beleben, zu erweitern und gleichzeitig zu einem abgesonderten Refugium zu machen, kommt in den beiden folgenden Gedichten zum Ausdruck:[41]

Marie Luise Kaschnitz (1901 – 1975)

Inwendig

Mit Muscheln spielen
Ohne daß Muscheln da sind
Abtasten die rauhen Riefeln
Das Gewand
Der Anadyomene und Perlmutt
von den Rändern des Himmels.
Oder die kleine
Buchecker, die nicht da ist
drehen, drehen
Dreikant zwischen den Fingern
und Vögel singen
im Buchenflackerschatten hochzeitlich.
Nichts muß mehr da sein
Kein Buch
sich mehr aufschlagen kein
Orchester sich stimmen.
Du meine inwendige Welt
Meine globale Landschaft
Meine große Versammlung.

Eugen Gomringer (geb. 1925):

sich zusammenziehen und
sich abgrenzen

die mitte bilden und
wachsen

die mitte teilen und
in die Teile wachsen

in den teilen sein und
durchsichtig werden

sich zusammenschließen und
sich abgrenzen

Beobachter der zeitgenössischen Literatur bezeichnen die so drängend gestellte Frage nach dem Innenraum der Seele oftmals als «Rückzug aufs Ich», als «Flucht nach innen», als «Neue Innerlichkeit». Dichter, die mit wachem Sinn gewillt sind, die Katastrophen unseres Jahrhunderts zu bestehen, sehen überdeutlich die für die Zukunft entscheidende Notwendigkeit: Die Menschenseele muß Neuland betreten, um die Tiefen ihres Ichwesens zu ergründen und um ihr Verhältnis zum Umkreis neu zu konzipieren. Um freie Bahn für solche Initiativen zu schaffen, haben die Dichter Gewohntes, Traditionelles, Vorgefertigtes hinweggefegt; nicht nur Weltanschauungen, Meinungen und Träume der Vergangenheit, sondern auch die Vielfalt harmonisch gefügter poetischer Formen, die im Laufe der Jahrhunderte entstanden waren und die noch im letzten Jahrhundert Höhepunkte erreicht hatten; selbst Grammatik und Satzbau wurden aus den Fugen gebracht. Sie haben damit die besorgniserregende Krisensituation vortrefflich formuliert. Radikale und schreiende Zeitkritik spricht die tiefe Betroffenheit der Seele aus und soll den Leser aufrütteln. Verfremdung der Worte, Vorstellungen, Bilder und Gedanken wollen die Seele vom bequemen Standort verscheuchen und auffordern, neue Fragen – oder alte Fragen auf neue Weise – zu stellen. Unerwartete Wortkombinationen, kaleidoskopartige Wortspiele vermögen den Leser in einen vom Alltag entfernten Schwebezustand zu versetzen.

Wenn der Eurythmist die unübersehbare – wohl auch unübersichtliche – heterogene Vielfalt zeitgenössischer Dichtung auf sich wirken läßt, oder wenn er versucht, ein solches Gedicht eurythmisch zu gestalten, so wird er sich immer wieder fragen müssen, ob der Dichter auf dem Weg nach innen an ein Ende kommt oder ob er in seiner Seele einen Funken zu entfachen vermag, der ihm den Weg zu einer Weiter- und Höherentwicklung des Bewußtseins erhellt. Der Eurythmist wird die orientierende und klärende Kraft zu Rate ziehen, die von den Spiralübungen ausgehen kann. Es möge daher an dieser Stelle noch eine andere eurythmische Spiralübung betrachtet werden.

Während die Übung des «Schau in dich! – Schau um dich!» – als Gespräch des Seeleninneren mit dem sichtbaren Umkreis, mit der gewordenen Schöpfung, die uns umgibt – dem Übenden bald ver-

traut wird und seine Seele in ähnlicher Art erfrischt wie das Ein- und
Ausatmen den Körper, verlangt die folgende Übung erhöhte Konzentration und Verinnerlichung.

Rudolf Steiner skizziert zwei Spiralformen, die nicht durch die
Gegensätze des «nach innen» und «nach außen» bestimmt sind. Beide
Spiralen führen von außen nach innen! Durch ihre Anordnung im
Raum werden sie trotzdem deutlich unterschieden:

Mehrere Eurythmisten stehen auf der Kreislinie, dem Kreismittelpunkt zugewandt. Sie nähern sich mit der ersten Spiralform dem
Zentrum des Kreises. Mit der zweiten Spirale, die aufs neue von
außen nach innen führt, gehen sie rückwärts schreitend an die Peripherie, wie in einen höheren Umkreis hinein, zurück. Steiner gibt zu
dieser Übung die Leitsätze:[42]

Wir suchen die Seele – uns strahlt der Geist.

Im künstlerischen Üben und im Nachsinnen über die Worte klärt
sich, daß mit der zweiten Spirale eine höhere Ebene zur Sichtbarkeit
gebracht werden soll, eine Ebene, auf der die Seele des Menschen dem
Geiste zugewandt ist, auf der sie ahnt und das Bewußtsein dafür zu
entwickeln beginnt, was sie aus der geistigen Welt erwarten darf.

1
Wir suchen die Seele

2
Uns strahlt der Geist

In seiner Schrift «Die Erziehung des Menschengeschlechtes» stellt der Dichter und Denker Gotthold Ephraim Lessing dar, daß die Entwicklung zu dem hohen Ziele, das dem Menschen zu erreichen bestimmt sei, nicht in einem einzigen, sondern in vielen Lebensläufen durch immer neue Verkörperungen jeder einzelnen Individualität erreicht werden könne.[43] Die Gedankenkühnheit und Wortgewalt der letzten beiden Sätze dieser Schrift könnte als eurythmische Bewegung im Sinne der genannten Spiralform sichtbar werden :

Und was habe ich denn zu versäumen? *1*
Ist nicht die ganze Ewigkeit mein? *2*

Die Seele ist einerseits der sichtbaren Umgebung, der physischen Welt innig verbunden. Die Wahrnehmungen, die dem Menschen durch seine Sinne vermittelt werden, erfüllen sein Bewußtsein in hohem Maße vom Aufwachen bis zum Einschlafen. Wie viele Anregungen empfängt der Künstler aus diesen Wahrnehmungen!

Auf der anderen Seite ist die Seele dem zugewandt, was in ihrem Inneren – da der Mensch ein individuelles geistiges Wesen ist – gleicher Natur ist wie die geistige Welt, ohne daß sie sich dessen immer voll bewußt wäre. Von dieser Seite her empfängt der Künstler die Einfälle und Inspirationen, durch die er das aus dem Bereich der Sinne Empfangene zum Kunstwerk erheben kann. Doch liegt in diesem lebendig bewegten seelischen Geschehen eine noch umfassendere, ja sogar eine universelle Dimension: Die Menschenseele ist Schauplatz der Begegnung zwischen physischer und geistiger Welt. Der Mensch darf sich als Mittelpunkt und Sammelpunkt einer die drei Welten umspannenden höheren Ganzheit fühlen. Und wie der Erforscher der lebendigen Bildekräfte üben wird, die höhere Ganzheit «Urpflanze» immer anwesend und in jeder Einzelheit wirksam seiend zu denken, so versucht der Eurythmist, die zur Menschenseele gehörende höhere Ganzheit in seinem Inneren zu fühlen und wirksam werden zu lassen für das individuelle künstlerische Tun. Es ist die praktische Ausübung der Aussage Rudolf Steiners:

«Diese Bewegungskunst kann nur jemand ausführen, der anerkennt und in der Überzeugung lebt, daß der Mensch aus Leib, Seele und Geist besteht.»

Eine besondere Fähigkeit der Seele ist ihre Denk- und Vorstellungskraft für *geometrische Formen*.

Eurythmisch bewegte

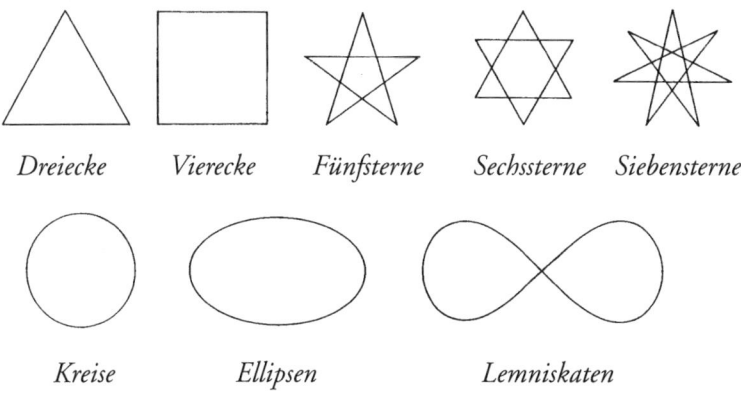

Dreiecke   Vierecke   Fünfsterne   Sechssterne   Siebensterne

Kreise   Ellipsen   Lemniskaten

sind hervorragende Übungsgrundlagen für den Eurythmisten, um diese Seelenfähigkeit bewußt und klar in die Bewegungsführung einfließen zu lassen. Sie sind ihm Prüfstein der Selbstdisziplin und der Bereitschaft – zusammen mit anderen Mitwirkenden -, Gemeinsamkeit im eurythmischen Bewegungsgeschehen entstehen zu lassen.

Einer, der geometrische Formen zeichnet, nimmt Lineal und Zirkel zur Hand, und mühelos erscheint alles ganz präzise auf dem Papier. Nimmt man ihm Lineal und Zirkel weg, so muß er freihändig zeichnen. Beobachtet er dabei sich selbst, so wird er entdecken, daß er jetzt, um eine ganz genaue Gerade und einen vollkommen runden Kreis zu zeichnen, seine geometrische Vorstellungskraft verstärken und sie mit der Willenstätigkeit der Handbewegung inniger verbinden muß und daß sein Formgefühl dabei fortwährend hellwach sein muß, damit die Zeichnung genau wird.

Welche Intensität muß erst der Eurythmist für diesen Vorgang entwickeln! Nicht nur freihändig, nein, freifüßig und sogar die ganze Gestalt mitnehmend, soll er eine Gerade oder einen Kreis in den leeren Raum hinein schreitend erschaffen, so charakteristisch und stark in der Bewegung, daß das geometrische Formgefühl des Zuschauers sich mitbewegt, und so nachhaltig, daß es im Zuschauer weiterklingt, auch wenn er selbst schon wieder steht. Eine geometrische Form auf dem Papier ist ja nur eine sehr karge und abstrakte Andeutung dessen, was durch Eurythmie als bewegte Geometrie in Erscheinung treten kann. Schon bei den einfachsten geometrischen Gebilden, der geraden und der gebogenen Linie, gibt es vielfältigste Möglichkeiten der eurythmischen Darstellung: eine Gerade, bei der man das Gefühl hat, sie beginne in der Unendlichkeit und werde wieder dorthin zurückkehren – eine Gerade, die einen festen Punkt mit dem anderen festen Punkt auf dem kürzesten Wege verbindet – eine zielgerichtete Gerade – eine ziellose; einen Kreis, der wie der Abglanz einer fernen Horizontlinie erscheint (dies kann durch eine kaum merkliche Neigung des Körpers nach außen sichtbar werden) – einen Kreis, der die innerhalb liegende Fläche beschützend abgrenzt (durch eine zarte Neigung der Gestalt nach innen) – einen Kreis im völligen Gleichgewicht zwischen innen und außen, bei dem das räumliche Element (innen – außen) zurücktritt und die dahinfließende Rundbewegung das zeitliche hervorhebt – usw.

Neues über Zahlen lernt man kennen, wenn die entsprechende Anzahl ausführender Menschen ein geometrisches Gebilde durch eurythmische Bewegung im Raum erstehen läßt. Die Entdeckung, daß zahlengebundene Anordnungen seelische Situationen und Vorgänge sichtbar machen können, wird manchen Rechner erstaunen.

Dichter aber wissen die Möglichkeiten wohl zu handhaben, die sich ihnen durch drei-, vier-, fünf- oder achtzeilige Strophenformen, durch die poetische Form der Terzine oder des Sonettes bieten.

Schon wenn sich *zwei* Eurythmisten im Raume bewegen, ergeben sich die vielseitigsten Variationen der Beziehung:

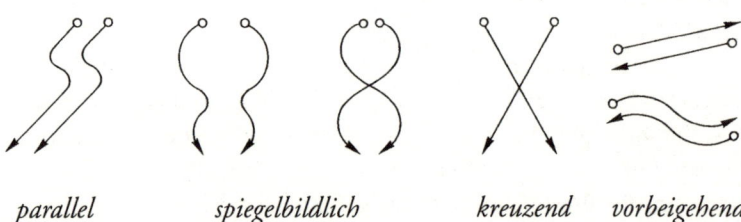

parallel   *spiegelbildlich*   *kreuzend*   *vorbeigehend*

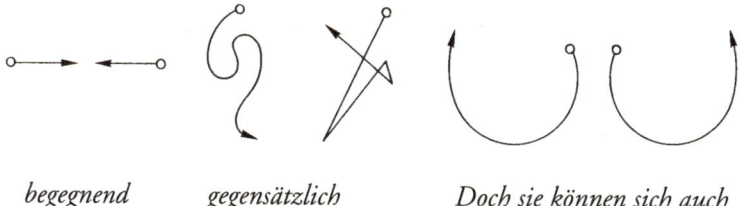

begegnend　　　*gegensätzlich*　　　*Doch sie können sich auch*

so auseinanderbewegen, daß sie in der Mitte einen Raum für Neues eröffnen, so, wie wenn ein Bühnenvorhang aufgehen würde.

Drei Eurythmisten, die im Dreieck stehen, können dieses auflösen und an anderer Stelle im Raum wieder ein neues Dreieck bilden. Sie beginnen ihre Wege im gleichen Augenblick. Sind die Wege zum neuen Dreieck verschieden lang, so ist bei jedem einzelnen aufmerksames Feingefühl für die Geschwindigkeit in der Bewegung der beiden anderen erforderlich, damit alle drei gleichzeitig im neuen Dreieck ankommen.

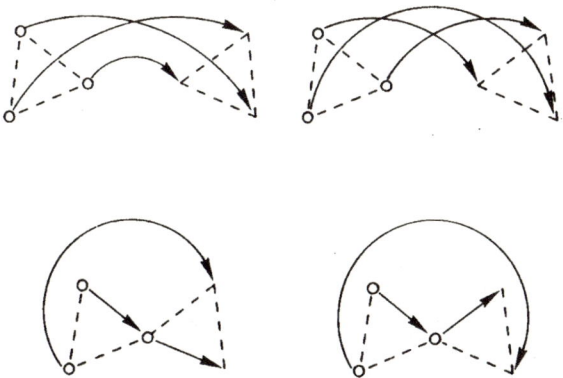

Anderes wird sichtbar, wenn *vier* Eurythmisten ein Quadrat bilden. Man kann diese Form nicht so fließend auflösen und wieder zusammenfügen wie das Dreieck. Doch innerhalb seiner vier Ecken läßt es differenzierte Arten der Begegnung zu und behält dabei immer den Charakter des wohlgefügten Zusammenhanges. Auch die poetische

Form der vierzeiligen Strophe vermittelt oft den Eindruck der inneren Ausgewogenheit, und so lassen sich zu den Vierzeilern die schönsten eurythmischen Variationen im Quadrat entwickeln.

Die folgende Vierecksform, die Rudolf Steiner «für Kinder und junge Leute» gab, bringt diese innere Beweglichkeit zum Ausdruck. Die Leitsätze dazu lauten:[44]

Wir suchen uns, wir leben uns, ganz nah.

Am Anfang stehen die vier Ausführenden zur Mitte gewendet. Dann wendet sich jeder in die Richtung seines Weges, nämlich nach links zum nächsten Platz: «Wir suchen uns.» Dann wechselt jeder den Platz mit seinem Gegenüber auf der Diagonale: «Wir leben uns.» Jeder dreht sich schnell zur Mitte und geht bis zum kleinen Viereck: «Ganz nah.» In der Pause schwingt er ohne Körperdrehung zum großen Viereck zurück.

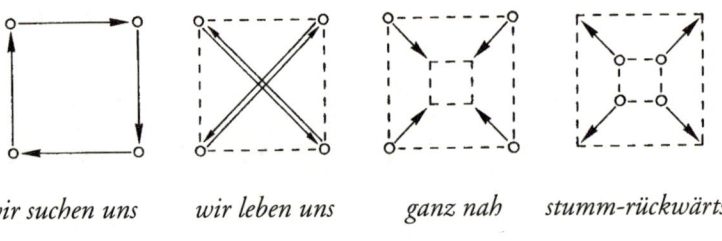

wir suchen uns   *wir leben uns*   *ganz nah*   *stumm-rückwärts*

Wenn *fünf* Eurythmisten die Wege eines Pentagrammes, eines Fünfsternes beschreiten, so scheint das für den Zuschauer auf den ersten Blick ganz einfach zu sein. Doch haben die Ausführenden vieles zu beachten. Sie bleiben dem Zuschauer zugewandt. Da muß jeder einzelne sich ein sehr sicheres Raumgefühl erübt haben, damit er zum Beispiel von Punkt 5 aus, die Gerade schräg rückwärts schreitend, den Punkt 1 genau treffen wird. Und ein sicheres Zeitgefühl für die gemeinsame Dynamik sollte er sich ebenfalls angeeignet haben: gleichzeitig mit den anderen beginnen, auf dem Weg kaum merklich beschleunigen, vor dem Ankommen ein zartes ritardando – oder aber den ganzen Weg zügig und schnell durchschreiten.

68

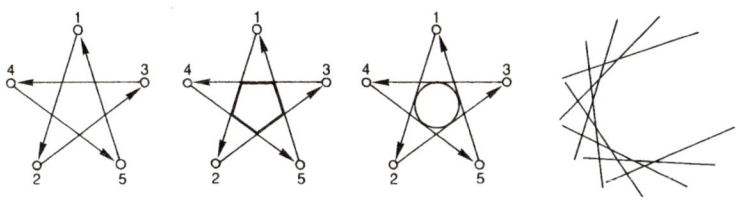

Erst allmählich enthüllt dieses Bewegungsgeschehen seine Geheimnisse. Wenn die Eurythmisten nach dem ersten Drittel des Weges einen Augenblick stehen bleiben, wird ein kleineres, umgekehrtes Fünfeck sichtbar (die Spitze ist dann vorne). Mit dem zweiten Drittel ihres Fünfsternweges beschreiten sie die Außenkanten des inneren Fünfeckes. Für den Zuschauer sieht es so aus, als ob auf dieser Wegstrecke eine rund drehende Bewegung da sei, obwohl alle Eurythmisten nur gerade Linien laufen. Es ist ein Phänomen, das man aus der Geometrie kennt: Durch völlig gerade Tangenten erscheint eine Kurve. Die Seiten des kleinen Fünfecks sind Tangenten eines eingeschriebenen Kreises. Dem aufmerksam übenden Eurythmisten erschließen sich verschiedene Nuancen der Ausdruckskraft, die in dieser Form schlummern.

– Mit leichten, zügigen Schritten die Wege des Pentagrammes durchschreiten. Das Strahlende der Sternform leuchtet auf, es strahlt in den Umkreis hinein.

– Mit gemessenen sicheren Schritten die Wege gestalten. Durch kurzes Anhalten an den beiden Ecken des inneren Fünfecks dieses zur Sichtbarkeit bringen. Damit verbunden die innere Hinwendung zur Geistesklarheit der Geometrie: Ernst, Würde und Erhabenheit kommen zum Ausdruck.

– Betonen der sich rundend erscheinenden Bewegung durch Beschleunigen im mittleren Teil der Pentagramm-Strecke: Die belebende Nuance durch Berühren eines anderen Formelementes – Tangente am Kreis – wird fühlbar.

Durch solche Erfahrungen an geometrischen Formen, die zur Zahl fünf gehören, kann sich dem Eurythmisten ein Zugang eröffnen zu der künstlerischen Intuition, aus der heraus Goethe zum Beispiel für sein Gedicht «Symbolum» die bei ihm sehr seltene fünfzeilige Strophenform wählte.

Eine andere Schulung eurythmischer Differenzierung liegt in folgender geometrischer Anordung: Ein Sechseck ist so in konzentrische Kreise eingefügt, daß der Radius derselben die Symmetrieachse des Sechseckes bildet. Nun soll das Sechseck in der Art aufgelöst und an anderer Stelle der Kreise neu gebildet werden, daß es sich teilt und jede Ecke auf ihrer Kreislinie an den Platz wandert, so daß sich das neue Sechseck von außen her wieder zusammenfügt.

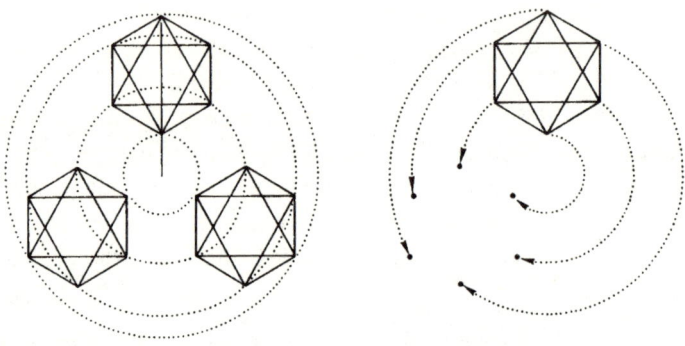

Sechs Eurythmisten stehen im Sechseck. Blitzschnell und kristallklar laufen sie nacheinander ihren Weg im Sechsstern, dann den Weg im Sechseck.

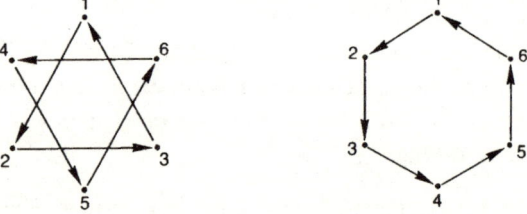

Dann lösen sie das Sechseck auf, indem sie sich – auf der Kreislinie schreitend – auseinanderbewegen. Sie stimmen ihre Geschwindigkeit so aufeinander ab, daß sie genau gleichzeitig im neuen Sechseck ankommen. Auf dem runden Übergangsweg haben die Schritte einen anderen Duktus, sie sind gelöster und wirken unkonturierter, alles bleibt mehr in der Schwebe.

Den Vorgang, daß Formen in Auflösung übergehen und neu entstehen, kennen wir von den Eisblumen am Fenster. Auch dem Chemiker ist das Entstehen einer Form aus dem Unsichtbaren vertraut. Er weiß, daß Formkräfte in einer Salzlösung anwesend sind, die bei Übersättigung der Lösung bestimmte Kristallformen bilden. Daß für jedes Blatt, welches im Herbst vom Baume abfällt, im Frühling wieder ein gleiches hervorwächst, läßt uns jedes Jahr aufs neue staunen. (Der Unterschied zwischen den Kräften, die mineralische Formen hervorbringen, und solchen, die pflanzliche Formen bilden, bleibe hier unberücksichtigt, da der Vorgang des Auflösens und Entstehens erlebt werden soll.)

Die oben beschriebene eurythmische Anordnung ist von Rudolf Steiner als Grundlage für vielfältige eurythmische Variationen für Gedichte mit sechszeiligen Strophen gedacht.(Zu Gedichten mit drei-, vier-, fünf-, sieben- und achtzeiligen Strophen gehören die entsprechenden Vielecke.)

Die eurythmische Übung, eine bestimmte Form aufzulösen und wieder neu erstehen zu lassen, beschenkt den Eurythmisten mit der ebenso schweren wie auch beglückenden Aufgabe, das *Unausgesprochene*, das in einer Dichtung *zwischen* den Zeilen, zwischen den Strophen, zwischen den Sätzen liegt, in das Bewegungsgeschehen einzubeziehen. Die folgenden Beispiele sollen in einfachster und anfänglichster Weise die Art solcher Gestaltung andeuten.

Die folgenden sechszeiligen Strophen von Goethe zeigen das Motiv der Wandlung des Gefühls von nächtlicher Phantasie zur engen Nüchternheit des Tages.[45] Sechs Mitwirkende eurythmisieren im Hintergrund des Raumes die erste Strophe in weit hinausschwingenden Bögen, 1 die erste Zeile, 2 die zweite usw. In der zweiten Strophe sollen die Wege eng, begrenzt, konturiert geschritten werden und vorne im Raum liegen. In der Pause zwischen den Strophen, solange sich der Rezitator innerlich vorbereitet, um die Andersartigkeit der zweiten Strophe sprachlich zu gestalten, werden die Eurythmisierenden diese innere Umwendung in der Gestaltung des Überganges sichtbar machen.

Nachts, wann gute Geister schweifen, 1
Schlaf dir von der Stirne streifen, 2
Mondenlicht und Sternenflimmern 3
Dich mit ewigem All umschimmern, 4
Scheinst du dir entkörpert schon, 5
Wagest dich an Gottes Thron. 6

Übergang

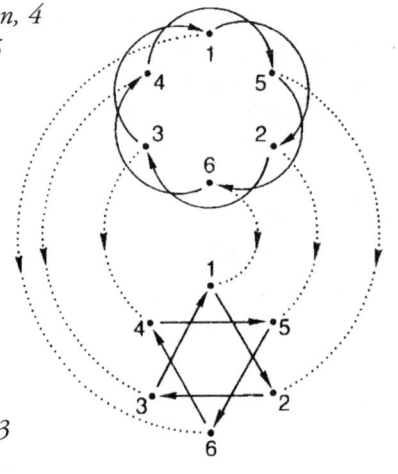

Aber wenn der Tag die Welt 1
Wieder auf die Füße stellt, 2
Schwerlich möcht' er dir's erfüllen 3
Mit der Frühe bestem Willen; 4
Zu Mittag schon wandelt sich 5
Morgentraum gar wunderlich. 6

Der fließendere Rhythmus der ersten Strophe gibt die gelöste Stimmung wieder, die zweite Strophe wirkt rhythmisch knapper und mühsamer, in der fünften Zeile holpert es beinahe.

Auch in den fröhlichen Verslein des jungen Uhland sitzt der Schalk zwischen den beiden vierzeiligen Strophen und könnte während des Überganges schnell aufblitzen, indem in den Übergangsweg ein kleines flinkes Extratänzchen eingefügt wird.[46]

Bauernregel

Im Sommer such ein Liebchen dir
In Garten und Gefild!
Da sind die Tage lang genug,
Da sind die Nächte mild.

Übergang

Im Winter muß der süße Bund
Schon fest geschlossen sein,
So darfst nicht lange stehn im Schnee
Bei kaltem Mondenschein.

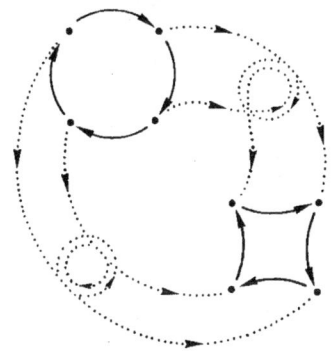

Daß im Bau des menschlichen Körpers geometrische und in seinem Bewegungsorganismus mechanische Gesetze wirksam sind, macht sich der Eurythmist an den *Übungen mit dem Kupferstab* bewußt. Er nimmt durch diese Übungen wahr, daß ihm die Kugelgelenke an Schulter und Hand kreisende, die Scharniergelenke an Ellbogen, Fingern und Knie abwinkelnde Bewegungen erlauben, daß er die Glieder beugen und strecken kann. Er erlebt, daß die Raumesdimensionen unten – oben, rechts – links, hinten – vorne, die auf dem Papier gezeichnet abstrakt und austauschbar sind, in dem Augenblick, in dem sie im Zusammenhang mit dem menschlichen Organismus auftreten, unverwechselbare Eigenschaften gewinnen. Vor allem aber wird ihm klar, welch wunderbar sinnvoller Gestaltung seiner Leiblichkeit er seine – im Verhältnis zu allen anderen Wesen der Schöpfung – unvergleichlich vielseitige und ausdrucksvolle Bewegungsfreiheit verdankt. Die Freude darüber bestimmt den Duktus der Stabübungen. Sie wirken korrigierend auf Unausgewogenheiten der Körperhaltung, ja sie können sogar schon organisch gewordene Schäden derselben ausgleichen.

Bei allen Übungen bleibt der Körper straff aufgerichtet, der Blick fast immer geradeaus, die Bewegungen sind flink und anmutig – und daher weit entfernt von jedem Anflug militärischen Strammstehens, obwohl das oberste Gebot die Genauigkeit der Bewegungsführung

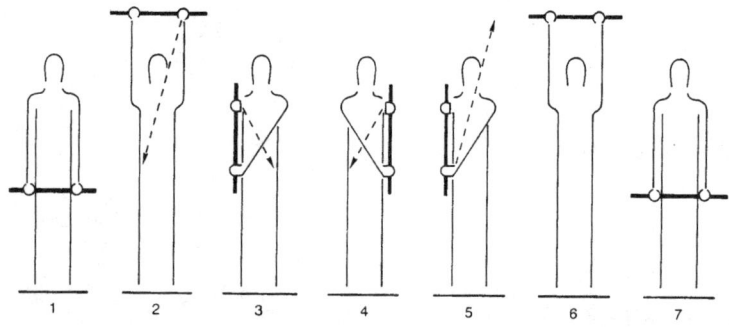

und der Endpositionen ist. Der Stab ist ein sicherer Korrektor, er verzeiht keine Nachlässigkeit – sonst ist er einfach schief!

Hier soll die siebenteilige Stabübung beschrieben werden:[47]

1. Stab mit allen Fingerspitzen in Körperbreite fassen. Arme gestreckt nach unten.

2. Stab mit gestreckten Armen nach oben führen und genau über dem Kopf anhalten. Man fühlt sich eingeordnet in die Gerade zwischen Erdmittelpunkt und Zenit. Aber gleichzeitig fühlt man, daß die Länge der Arme eine Begrenzung anzeigt, und wird – auch durch die Begrenzung der folgenden Phasen – aufmerksam auf die ausgewogenen Proportionen der Körpergestalt, die jeder als allgemeingültige und trotzdem der eigenen Persönlichkeit voll zugehörige erlebt.

3. Stab genau senkrecht, rechter Arm genau waagrecht nach vorne gestreckt. Die linke Hand paßt sich dem an, ohne den Griff zu ändern. Man macht sich die rechtsseitige Begrenzung des Körpers – in der nächsten Position die linke – und die Begrenzung nach vorne bewußt.

4. Stab genau senkrecht, linker Arm waagrecht gestreckt nach vorne.

5. wie 3.
6. wie 2.
7. wie 1.

74

Der Bau des menschlichen Körpers nach Agrippa von Nettesheim

Es war die Sehnsucht vieler bildender Künstler, sich die Proportionen und geometrischen Gesetze, die in den Formen des menschlichen Körpers verborgen sind, bewußt zu machen. Bildhauer der Antike wie Polyklet, Künstler der Renaissance wie Leonardo da Vinci, am Bauhaus Tätige wie der Maler Oskar Schlemmer – sie alle haben ihre Erkenntnis- und Gestaltungskräfte durch unzählige Studien geschult, um solche Zusammenhänge zu ergründen.

Daß der Pyritkristall, der Rosenblütenkelch, der Seestern vom Gesetz des Fünfsterns geprägt sind, der Bergkristall, die Lilienblüte, die Bienenwabe von der Grundform des Sechsecks, ist offenbar. Die geometrischen Prinzipien, die an der Gestalt des Menschen mitgebaut haben, sind nicht so offenkundig. Der Mensch muß sich bewegen und seine Gliedmaßen in die entsprechende Stellung bringen, dann erst sieht man den Fünfstern!

Um das Jahr 1510 wollte der Philosoph Cornelius Agrippa von Nettesheim die alten, überlieferten Wissensschätze erhalten und zwischen ihnen und der Denkart der beginnenden Neuzeit eine Bezie-

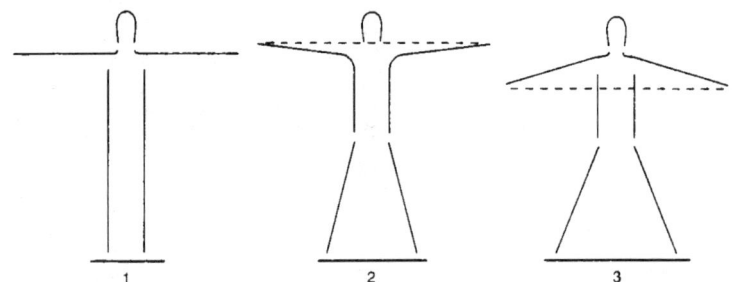

hung herstellen. In seinem Buche «De philosophia occulta» heißt das 27. Kapitel «Von den Verhältnissen, dem Maße und der Harmonie des menschlichen Körpers», und er schildert darin seine umfassenden Gedankengänge, in welchen er den Körper des Menschen als das «schönste und vollendetste Werk Gottes», in dem alles zur höchsten Vollkommenheit geordnet sei, vorstellt.[48] Diesem Kapitel fügt er sechs Zeichnungen ein (s.S. 75).

Die aktuelle Frage der Gegenwart lautet jedoch: Wie kann das, was an höherer Ordnung dem Bau des menschlichen Körpers zugrunde-liegt, in unserem Jahrhundert bewußt ergriffen und belebt werden? Auf die Wandlung des menschlichen Bewußtseins, die in diesen beiden Fragestellungen zum Ausdruck kommt, geht Steiner ein, als er die urbildlichen Gegebenheiten, die Agrippa räumlich betrachtet und aufzeichnet, in die Unterweisungen für die eurythmische Bewegungs-kunst einbezieht. Er lenkt die Aufmerksamkeit der Eurythmisten auf diesen Körper als eine Form, in der eine *denkende* und *redende* Persön-lichkeit leben und sich *bewegen* kann, eine Persönlichkeit, die sich auf dem langen Entwicklungswege des Menschengeschlechts bis zur ge-genwärtigen Stufe freiheitlichen Selbstbewußtseins entfaltet hat und deren individuelle Kraft zu fernen Zukunftszielen hin orientiert ist.

Den Eurythmisten zeichnet Steiner die Körperstellungen nicht auf, er gibt ihnen mündliche Anweisungen, und sie praktizieren sie sofort. Ganz andere geometrische Linien als bei Agrippa werden dabei fühl-bar und bedeutsam. Am bedeutungsvollsten sind jedoch die Leitsätze, die er ihnen beifügt:[49]

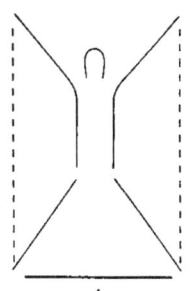 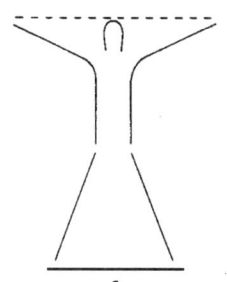 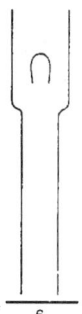

4   5   6

1. Füße zusammenstellen; Arme horizontal nach der Seite ausstrecken.
Ich denke die Rede.

2. Füße etwas auseinanderstellen; Arme heben, bis sie in Höhe des Kehlkopfes sind.
Ich rede.

3. Füße noch mehr spreizen; Arme so weit senken, daß eine horizontale Linie zwischen den Händen unter dem Herzen vorbeigeht.
Ich habe geredet.

4. Beine noch weiter nach außen spreizen, ganz breit; Arme weit über dem Kopf, es muß eine senkrechte Linie geben von den Händen zu den Füßen herunter.
Ich suche mich im Geiste (meinen geistigen Ursprung).

5. Füße ungefähr wie bei der dritten Stellung; Arme so weit senken, daß die horizontale Linie zwischen den Händen gerade über den Kopf weg geht.
Ich fühle mich in mir.

6. Füße wie bei der ersten Stellung. Arme parallel senkrecht nach oben.
Ich bin auf dem Wege zum Geiste (zu mir).

Nur ein kleiner Teil der Übungen, Grundlagen und Anregungen, die Steiner für die Eurythmie gab, wurde andeutungsweise hier vorgestellt. Es sollte durch den Blick in den Übungssaal des Eurythmisten ein Eindruck davon vermittelt werden, wie die naturgegebenen Bewegungen des Menschen zum Mittel künstlerischen Schaffens umgewandelt werden können, wie dadurch ein neuer zweiter Bewegungsmensch entsteht, der die höhere Ganzheit des Menschenwesens unermüdlich sucht und einbeziehen will, damit diese in der zur sichtbaren Sprache gestalteten Bewegung anwesend sei.

In den Spiral-Übungen wird das Gespräch der Seele mit sich selbst und mit den Vorgängen, denen sie sich zuwendet, erhellt. In den geometrischen Übungen kommt die Hinwendung des Menschen zu geistigen Gesetzen zum Ausdruck. Die Übungen mit dem Kupferstab lenken die Aufmerksamkeit auf die sichtbare Körpergestalt.

An der zuletzt beschriebenen Übung der sechs Stellungen macht der Eurythmist die Erfahrung, daß demjenigen, was aus dem Seelisch-Geistigen sich mit der physisch-leiblichen Bewegung verbinden will, eine Entsprechung aus der Körpergestalt entgegenkommt. Im aufmerksamen Wahrnehmen dieser Begegnung lernt der Eurythmist empfinden, ob seine Gebärde stimmt.

Der Blick in den Übungssaal soll auch zeigen, daß das Erüben eurythmischen Könnens nicht im Sinne eines sportlichen Trainings verläuft. Es ist ein Üben, das dem nahe kommt, was man ausdrücken möchte, wenn man sagt «eine Tugend üben» – das heißt, jede eurythmische Gebärde, auch wenn sie ungezählte Male wiederholt werden muß, immer wieder neu mit vollem Engagement der besten Seelenkräfte zu impulsieren. Es sind für das sinnvolle Üben und Ausarbeiten einer eurythmischen Darbietung viele Seelentätigkeiten notwendig: den Stoff unbefangen wahrnehmen, nüchtern analysieren, verinnerlicht darüber nachsinnen, die Erlebnisse liebevoll fühlend abwägen, ihn willenskräftig künstlerisch neu gestalten. Doch dann treten alle Vorbereitungen in den Hintergrund, haben sich in ein selbständiges eurythmisches «Bewegungsbewußtsein», in Können verwandelt. Der Eurythmist bewegt sich auf der Bühne, der Freiraum für sein ureigenes, rein im Fühlen und Wollen sich abspielendes Gestalten ist gegeben. Doch auch der Zuschauer im Saal sollte alles, was er von der

Eurythmie weiß, was er z. B. in diesem Büchlein gelesen hat, vollkommen vergessen. Es ist zu hoffen und anzunehmen, daß die vielleicht manchmal etwas mühsame Lektüre sich in eine Fähigkeit des unbefangenen Zuschauens wandeln wird: wahrzunehmen, wie in dauerndem Entstehen und Vergehen der Gebärde *die Menschenseele spricht.*

IV.

Die Laute der Sprache werden sichtbar in eurythmischen Gebärden

Eine neue Welt tut sich dem Eurythmisten auf, wenn er seine Aufmerksamkeit auf die Laute der Sprache, auf die Vokale und Konsonanten lenkt. Das Neue kann sich ihm erschließen, wenn er zu ergründen sucht, was im Verborgenen der Menschenseele lebt als eine unbewußte Kraft, die den Menschen befähigt, Laute auszusprechen und sie hörend zu erkennen.

In sehr alten Zeiten war das Verhältnis des Menschen zu den Lauten noch anders als heute. Es gab – zum Beispiel in der althebräischen Kultur – bestimmte Lautfolgen, die als heilige Worte nur in religiösen Handlungen ertönen durften. Ja, es gab sogar ein Wort, das in der Sphäre des Übersinnlichen bleiben sollte: der unaussprechliche Name Gottes. Und bei den nordischen Völkern deuten die – wenn auch spärlich überlieferten – Segens- und Zaubersprüche darauf hin, daß bestimmte Lautfolgen ausersehen waren, helfende übersinnliche Mächte herbeizurufen oder Widersachermächte abzuwehren. So konnten wohl die Menschen damals ihre Begabung zum Aussprechen von Lauten als eine Göttergabe empfinden, die ihnen verliehen war, um mit den Göttern selbst, mit den anderen Menschen und mit allen übrigen Wesen der Schöpfung in Beziehung zu treten.

Beim Sprechen und Hören offenbaren sich uns die einzelnen Laute auch heute noch fortwährend, und doch bleibt den Menschen der Gegenwart das zu jedem Laut gehörende Unhörbare, das in der Seele lebt, verborgen. Im alltäglichen Gespräch schenken wir einem einzelnen Laut nur geringe Aufmerksamkeit. Fast unbewußt bilden wir Laute, wählen Worte aus und ordnen sie zu rhythmisch dahinfließenden, grammatikalisch richtigen Sätzen. In kürzester Zeit wollen wir das größte Quantum an präziser Information erhalten oder weitergeben. Da sind wir dann mit einer genormten Kurzsprache voll zufrieden, wenn wir nur genau wissen, was gemeint ist. Wie umständlich ist doch das gehaltvolle Wort «Europäische Gemeinschaft» gegenüber dem schnellen «EG»! In unserem von tausenderlei Informationen überfluteten Tageslauf mag dieses Verfahren seine Berechtigung haben.

Unberechtigt ist es jedoch, diese Einstellung einem poetischen Kunstwerk gegenüber anzuwenden. Wenn die Menschenseele einem solchen begegnet, hat ihr Interesse nicht vornehmlich dem Inhalt zu gelten, der ihr vielleicht auch in prosaischer Form in Kurzfassung übermittelt werden könnte. Zuallererst hat sie ihre Aufmerksamkeit der poetischen Gestalt entgegenzubringen, in welcher der Inhalt, der Stoff, erscheint. Aus der Quelle seiner Inspiration können dem begnadeten Dichter bestimmte Vokale oder Konsonanten zukommen, durch deren Klang ein seelisches Erlebnis Gestalt annehmen möchte. Seine künstlerische Schöpferkraft wird dann einem solchen Laut die besondere Dominanz einräumen, die dem seelischen Erleben entspricht. Welch mächtige Klanggewalt verleiht Goethe dem Ruf des Luftgeistes Ariel, wenn dieser seinen Nacht-Elfen den nahen Sonnenaufgang ankündigt, durch die Fülle von O-Lauten:[50]

Horchet! horcht dem Sturm der Horen!
Tönend wird für Geistesohren
Schon der neue Tag geboren.
Felsentore knarren rasselnd,
Phöbus' Räder rollen prasselnd,
Welch Getöse bringt das Licht!
Es trommetet, es posaunet,
Auge blinzt und Ohr erstaunet,
Unerhörtes hört sich nicht.

Mit den Vokalen Ü, U, I, empfiehlt Ariel seinen Elfen, sich vor der Bedrohung durch die helle Sonne in die dämmrige Kühle zurückzuziehen:

Schlüpfet zu den Blumenkronen,
Tiefer, tiefer, still zu wohnen,
In die Felsen, unters Laub;
Trifft es euch, so seid ihr taub.   (Faust II, 1)

Die Gestaltung der Klangfolge der Vokale und Konsonanten gibt dem Dichter eine Möglichkeit, den Stoff zu formen; anderes wird er verwirklichen durch die Art, wie er den rhythmischen Fluß der Sprache dahinströmen läßt oder ihn durch Pausen unterbricht; wie er den Satzbau – lange, geschmeidige oder kurze, prägnante Sätze – dem Rhythmus zuordnet. Durch die Vielfalt sprachlicher Möglichkeiten vermag er den Inhalt auf der Ebene der Poesie in neuer Weise erscheinen zu lassen und dem Zuhörer neue Dimensionen zu erschließen. Die dichterische Form ist es, die einen tieferen Sinn aufleuchten lassen kann, die vielfältige Nuancen des Gefühls zu eröffnen vermag, die Willenskräfte zu wecken imstande ist.

Ludwig Uhland hat im folgenden poetischen Kleinod durch klangvolle Worte – und in den Zwischenpausen kann jedes Wort in der Seele nachklingen – in drei Zeilen mit nur sieben Worten nicht nur das vergegenwärtigt, was die Sinne am ersten strahlenden Frühlingstag an Farben-, Duft-, Klang-, Licht- und Wärmeempfindungen wahrnehmen, sondern er hat auch den Jubel der Seele darüber eingefangen![51]

Lob des Frühlings
Saatengrün, Veilchenduft,
Lerchenwirbel, Amselschlag,
Sonnenregen, linde Luft!

Wenn ich solche Worte singe,
Braucht es dann noch großer Dinge
Dich zu preisen, Frühlingstag?

«Wenn ich solche *Worte singe…*», erheb ich mich auf dem geflügelten Dichterroß Pegasus in die Lüfte und habe die Ebene der bloßen Information weit unter mir gelassen!

Der künstlerisch empfindsame Hörer oder Leser eines Gedichtes fühlt die Schönheit in der poetischen Anordnung der Laute. Der poetisch-künstlerische Genuß erweitert sich ihm in den Bereich der Sichtbarkeit, wenn er die in eurythmischen Bewegungen dargebotene Lautfolge als Zuschauer erlebt. Der Eurythmist, der jeden einzelnen Laut als Gebärde zur Sichtbarkeit bringen soll, wird versuchen, sich –

auch in gedanklichem Bemühen – immer mehr vom Wesen jedes Lautes zum Bewußtsein zu bringen.

Der Wunschtraum mancher Sprachforscher war es, eine Ursprache zu entdecken und die Entwicklungsgesetze zu erkennen, nach denen die verschiedenartigen Sprachen der Völker aus dieser Ursprache abzuleiten wären. Die Forschungen auf diesem Gebiet haben eine Fülle von Einzelresultaten erbracht, so zum Beispiel das der Lautverschiebung der indogermanischen Sprachen. Die geistreichen und anregenden Berichte darüber erfreuen jeden an der Sprache Interessierten. Kann er doch daraus ersehen, wie lebendig, vielfältig und wandlungsfähig innerhalb übergreifender Gesetzmäßigkeiten die Sprachprozesse im Zusammenhang mit der Entwicklung der Völker verlaufen. Bei solchen Bemühungen tritt immer wieder die Frage auf, ob für einzelne Laute oder häufig vorkommende Lautverbindungen eine bestimmte übergeordnete Bedeutung gefunden werden könnte. In dem Buche «Poetik in Stichworten» lautet das Stichwort zu dieser Frage: «Ob sich gesetzmäßige Zusammenhänge finden lassen zwischen Laut und Sinn ist nach dem gegenwärtigen Stand der Forschung fraglich.»[52]

Rudolf Steiner entwickelt die Eurythmie aus der Erkenntnis, daß die Sprache – im Sinne der Goetheschen Idee – als eine Äußerung, als Metamorphose des ganzen Menschen erscheint. Das Menschenwesen aber ist einverwoben in die noch höhere und noch umfassendere Gesamtheit der drei Welten: der physischen Welt, in der die Bildekräfte des Lebendigen Leben erzeugen und Leben erhalten, der Seelenwelt und der Geisteswelt. In diesem allumfassenden Gefüge ist auch die Quelle der Sprachkräfte zu suchen, die man in einem erweiterten Sinn als «Ursprache» bezeichnen könnte. Aus diesem Urquell fließen die Kräfte, die den Menschen befähigen, Laute auszusprechen, den Dingen Namen zu geben und schließlich rhythmisch und gedanklich gefügte Sätze zu bilden. Aus ihm differenzieren sich auch die tausendfältigen Sprachen und Dialekte der einzelnen Völker und Menschengruppen bis hin zur individuellen Aussage einer einzelnen Dichterpersönlichkeit.

Den universellen Zusammenhang hatte Steiner durch seine jahrzehntelangen geisteswissenschaftlichen Forschungen in vielen Schriften und Vorträgen dargestellt. Dieser Hintergrund war ihm gegenwärtig, als er in künstlerisch-schöpferischer Tätigkeit die eurythmischen Gebärden für die einzelnen Laute der Sprache entwickelte.

Die Laute der Sprache – sie erklingen, wenn ein Mensch sie spricht. Sie können gelesen werden, wenn ein Mensch sie geschrieben hat. Sie sind als Bewegung sichtbar, wenn ein Mensch sie eurythmisiert.

Die Laute der Sprache – der Mensch kann sie aussprechen, weil die Bildekräfte des Lebendigen aus dem großen Urbild den Kehlkopf, die Sprachwerkzeuge – Gaumen, Zunge, Zähne, Lippen – und die Atemorgane dafür geformt haben. Er kann sie als eurythmische Bewegungen sichtbar machen, weil sein Bewegungsorganismus prädestiniert ist, Laut-Gebärden auszuführen.

Die Laute der Sprache – sie werden ausgesprochen und vom Zuhörer identifiziert, sie werden eurythmisiert und vom Zuhörer gesehen und erlebt, weil die Kräfte, die das Aussprechen und Eurythmisieren impulsieren, auch in den Seelen der Zuhörer und Zuschauer anwesend sind und zum Mittun angeregt werden.

Die eurythmische Kunst macht uns heute in besonderer Weise aufs neue offenbar, wie in jedem Menschenwesen naturgegebene und in jeder Menschenseele entwicklungsfähige Laute schaffende Kräfte walten. Der Eurythmist betritt den von Rudolf Steiner eröffneten Weg, sich dieser Kräfte bewußt zu werden, sie fühlend in Bewegungen überzuführen und sie – ganz wörtlich – künstlerisch zu handhaben.

Die Vielfalt der Metamorphosen im Laute bildenden Geschehen und der ganzheitliche Zusammenhang werden auch erkennbar in dem methodischen Vorgehen Rudolf Steiners, wenn er den ersten Eurythmieschülern Anweisungen für das Üben und Studieren gibt. Für jeden einzelnen Laut zeigt er zuerst die an der menschlichen *Körperform* abgelesene *Bewegung*. Aber er führt keine Lautgebärde ein, für die er nicht die dazugehörende *Seelenkraft* erläutern und dem Bewußtsein zugänglich machen würde. Der Schüler soll seine Aufmerksamkeit zuerst darauf lenken, die körperliche Geste mit seinem Gleichgewichtssinn und dem Sinn für die eigene Bewegung wahrzunehmen und zu empfinden. Er soll die Bewegung zu dem Klang des gesprochenen Lautes, den er gleichzeitig vom Rezitator hört, in Beziehung setzen. Dann soll er die Gebärde mit dem Gefühl für die charakteristische Eigenart des Lautes, das er in der Seele allmählich immer deutlicher erweckt hat, in Einklang bringen. Wenn er unermüdlich übt, so daß er diesen Einklang in hohem Maße erreicht, kann eurythmische Körperbewegung so erscheinen, als ob sie seelische Bewegung wäre: eine Bewegung der sprechenden Seele. Nachdem sich die Schüler in mehrjährigem künstlerisch-tätigem Lernen und Üben mit der Eurythmie vertraut gemacht hatten, gab ihnen Rudolf Steiner Hinweise auf die Schöpfermächte, die aus der höchsten der drei Welten, aus der geistigen Welt, in das Sprachgeschehen hereinwirken.

Vorbereitende Anweisungen gibt Rudolf Steiner im Jahre 1912 der ersten Eurythmieschülerin, Lory Smits. Sie gelten den drei Vokalen I A O.[53]

«Stellen Sie sich aufrecht hin und versuchen Sie, eine Säule zu empfinden, deren Fußpunkt der Ballen Ihrer Füße und deren Kopfpunkt Ihr eigener Kopf, Ihre Stirn ist. Und diese Säule, diese Aufrechte, lernen Sie empfinden als I.»

«Nun verlegen Sie den Kopfpunkt der Säule hinter den Fußpunkt, und das lernen Sie empfinden als A.»

«Neigen Sie den Kopfpunkt der Säule vor den Fußpunkt, und lernen Sie so ein O empfinden.»

Diese erste Mitteilung mutet an wie das Stimmen des Instrumentes. Einige Tage später folgen die Anweisungen für die vielgestaltigen Armbewegungen, durch die jeder Laut in seinem ureigenen Charakter sichtbar wird. In den darauffolgenden zwölf Jahren gibt Steiner einem sich stets erweiternden Kreis junger Menschen, die sich der eurythmischen Kunst widmen wollen, eine Fülle von weiteren Anregungen, Ergänzungen und speziellen Nuancierungen zur Gestaltung der Laute in dramatischen, lyrischen, epischen, humoristischen Dichtungen und zu den lautlichen Variationen in den verschiedenen Sprachen wie Englisch, Französisch, Russisch. Er gibt sie mündlich und mitten hinein in die von eurythmischem Leben bewegten Unterrichtskurse und Bühnenproben. Jede neue Angabe, jede Anregung wird sogleich freudig ergriffen, erprobt, praktiziert, geduldig geübt, variiert, bis in Feinheiten ausgearbeitet. Der Lehrer ergänzt, korrigiert, gibt neue Hinweise. Alle Teilnehmer der damaligen Kurse berichten übereinstimmend von dem tief überzeugenden Eindruck, den sie jedesmal empfingen, wenn Rudolf Steiner eine Gebärde selbst ausführte oder auch nur andeutete. So können die folgenden Zitate, die hier aus der lebensvollen Atmosphäre isoliert sind, nur sehr begrenzt vermitteln, welch intensives eurythmisches Geschehen sie entfacht haben. Doch sie impulsieren aufs neue, wenn sie mit künstlerischem Interesse aufgenommen werden, um wieder in eurythmisches Tun einzumünden.

Zur I-Gebärde gibt Steiner die Anregung:[54]

«Jedes Strecken, wo Sie es nur empfinden, sei es in den Armen, in den Beinen, in der ganzen Gestalt, aber auch im Blick, mit der Nase, mit der Zunge oder nur mit einem Finger oder, wenn Sie es können, nur mit einer Zehe. Aber das Streckerlebnis muß es sein! Ein sehr typisches I ist es, wenn Sie den einen Arm seitlich nach oben und den anderen entsprechend nach unten strecken.»

Den seelischen Ursprung, aus dem das I entsteht, charakterisiert er oft so:[55]

«... der Mensch will ausdrücken seine Selbsthauptung, sein sich Hineinstellen in die Welt: I.»

Der Eurythmisierende übt nun das obengenannte «sehr typische I». Dabei erweitern sich seine Erfahrungen in ungeahnter Weise. Er bewegt den rechten Arm wie einen Lichtstrahl nach oben, ihn dabei ein wenig seitlich nach vorne führend, bis zur vollen Streckung. *Gleichzeitig* den linken Arm abwärts, ein wenig nach hinten, so daß beide Arme genau die gleiche Richtung haben. Dabei stellt er den rechten Fuß ein wenig nach vorne, ohne ihn zu belasten. Diese auseinanderstrebende Bewegung der beiden Arme kann er nur dann zu einem ausdrucksvollen I gestalten, wenn er aus seinem tätigen Selbst heraus sich der Ganzheit seiner eigenen Gestalt, seines eigenen Wesens bewußt wird. Allein das tätige Selbst kann die Gegensätze – hell nach oben bewegen und kraftvoll nach unten, nach vorne und hinten, nach rechts und nach links – *gleichzeitig* und sie im Gleichgewicht haltend, zur Darstellung bringen. Der also Übende entdeckt,

86

daß dieses labile Gleichgewicht, eben errungen, sich nicht festhalten läßt, es muß unablässig neu erzeugt werden. Er wird mehr und mehr vertraut mit der inneren Aktivität, die seinen Körper, ja sogar seine Persönlichkeit bei der Gestaltung des I ergreift. Er lernt eine Erweiterung und Vertiefung dessen kennen, was in den Worten «Selbstbehauptung» und «sich Hineinstellen in die Welt» anfänglich für ihn enthalten war. Und im Üben wird er gewahr, daß es die I-Kraft ist, die in noch viel umfassenderer Weise seine Seele bewegt: Entspricht das, was von mir verlangt wird, wenn ich ein I gestalten will, nicht dem, was auch eine menschenwürdige Lebensführung von mir fordert? – das souveräne Suchen und Finden des Gleichgewichts in allen Wechselfällen des Lebens gegenüber allem, was mich zu Einseitigkeiten verführen könnte? Ist nicht das Erstreben einer lebendig bewegten inneren Sicherheit gegenüber allem Hin- und Hergeworfensein zwischen «himmelhochjauchzend – zu Tode betrübt», zwischen Tätigsein und Nachdenken eine Selbstbehauptung im höheren Sinne und mit höchstem Ziele?

Vor einem solchen Hintergrunde wird dem Eurythmisten klar, daß die Frage nach der übergeordneten Bedeutung eines einzelnen Lautes nicht isoliert gestellt werden kann, sondern eingegliedert sein muß in die größte und aktuellste Frage: die Frage nach dem Wesen des Menschen und dem Entwicklungsgeschehen, in welchem er fortschreitet. Denn in der Menschennatur ist das «sich Hineinstellen in die Welt» und das «sich selbst Behaupten» als ursprüngliche Kraft veranlagt, die einen Jahrtausende währenden Entwicklungsprozeß – vom traumhaften Selbstgefühl der frühen Naturvölker bis zur Selbstbestimmung der zivilisierten Persönlichkeit unserer Zeit – durchläuft. Diese ursprüngliche Seelenkraft, die sich im I äußert, mag in verschiedenen Epochen der Entwicklung das I den verschiedensten Worten – dem Licht und der Finsternis, dem Ich und dem Nichts, dem Finger und dem Knie – verliehen haben. Die lebendige Wandlungsfähigkeit der Sprache ist heute in konventionelle Festlegungen eingeengt und steht dem direkten Einfluß der ursprünglichen Seelenkräfte weniger offen als früher. Die Sprache muß von der Armut befreit werden, in die sie als Sklavin der schnellen Information geraten ist.

Dichter, Rezitatoren und Eurythmisten suchen die Ursprungskräfte der Laute wieder auf, damit sie ihre poetische Phantasie beflügeln mögen, dichterische Formen zu schaffen, die Geistiges und Seelisches beherbergen können.

So ist es für den Dichter ein essentieller Unterschied, ob er für eine Aussage das Wort «licht» oder «hell», ob er das Wort «dunkel» oder «finster» auswählt, obwohl sie dem gedanklichen Inhalt nach austauschbar wären.

In der ersten Strophe des formvollendeten Gedichtes «Tod» von Friedrich Hiebel fühlt man durch die intensive I-Stimmung – zwischen den dunklen Vokalen O und U in «Tod» und «Grund» – die ultimative Existenzfrage unseres Seins.[56] Wird sich mein Selbstbewußtsein behaupten können, auch nach dem Tode?

Tod,
daß wir ihn wissen
in den Finsternissen,
die herausgerissen
aus des Lichtes Grund.

Die eurythmische Gestaltung wird das stark bewegte dramatische Spannungsfeld durch die extreme Verschiedenheit in der Bewegung der I-Laute erschließen, von einem verinnerlichten, körpernahen I zu einem tief nach unten geführten; in der dritten Zeile ein I, das von hoch oben heftig nach unten geführt und dort gehalten wird, während der andere Arm gelöst nach oben das I des Wortes «Lichtes» gestaltet.

Sehr reizvoll könnte es für eine kleine zartgliedrige Eurythmistin sein, den Vorschlag Steiners aufzugreifen, das I zwar nicht mit der Zehe, aber doch mit der Fußspitze auszuführen, wenn sie zum Beispiel Zeilen eurythmisiert wie die folgenden: «Ich bin die Jungfer Binsefuß» und «Zierlich ist des Vogels Tritt im Schnee» aus zwei Gedichten von Eduard Mörike.[57]

Von den vielen Anweisungen, die Rudolf Steiner zur eurythmischen Gebärde des A-Lautes gab, seien einige zitiert:[58]

« ... die Arme im Winkel ...»

«... Stellen wir uns den Umkreis des Welten-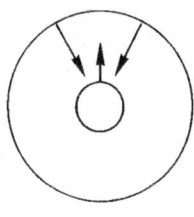
alls schematisch vor, so dringen aus dem Um-
kreis des Weltenalls Kräfte, sagen wir, nach der
Mitte, nach der Erde hin. Wenn wir uns als
Menschen nun fühlen auf Erden, dann müssen
wir unsere Würde dadurch fühlen, daß wir sie
von verschiedenen Punkten des Weltalls zu-
sammenfließend erfassen ...»

«Stellen Sie sich vor, Sie selbst als Mensch sind von zwei verschiedenen Richtungen im Weltenall herein, sagen wir, geschaffen, bestimmt, determiniert, und Sie greifen nach diesen beiden Richtungen
hin. In diesem Greifen liegt das A für sich ...»

Die Seelenkraft, die den A-Laut erzeugt, charakterisiert er so:

«Das A ist reine Verwunderung, reines Erstaunen ...»

«Bei dem A öffnen wir uns bewundernd der Welt. Wir lassen die
Welt an uns herankommen.»

Der Eurythmisierende sucht die Gebärde des A zu gestalten. Er hat
die Fingerspitzen nahe dem Brustbein und bewegt die Arme in einen
sich öffnenden Winkel hinein – nach oben, nach unten, horizontal
nach vorne. Allmählich wird ihm immer mehr bewußt, daß er allem,
was aus der Welt neu an ihn herankommt, ein Staunen entgegen-
bringt. Das kann unzählige Nuancen haben – tiefste Ehrfurcht, höchste Überraschung, leises Verwundern. Er fühlt, daß jedes neue Ereignis von ihm in sein Inneres hereingenommen werden will, daß es
seine Erfahrungen bereichert, sein Sein, wenn auch oft kaum merklich, verändert. In der eurythmischen Gebärde des A kann er zum
Ausdruck bringen, wie er dem Neuen staunend entgegengeht, wie er
es wahrzunehmen, zu berühren, zu erfassen, zu erkennen, in sich
aufzunehmen sucht.

Als Laut des Neubeginns steht das A am Anfang des Alphabets. Oft
ist das A der erste Laut, den das Kind artikuliert, wenn es vom natur-
lauthaften Schreien aus den Übergang sucht zur seelischen Aus-
drucksmöglichkeit des Sprechens mit Menschen. Die ganze früh-
kindliche Epoche, in der das Menschenwesen durch Nachahmung so
vieles lernt, ist in die Stimmung des Staunens getaucht. Dann folgen
lebenslang weitere Stufen, auf denen neu Herankommendes vom

Seeleninneren ergriffen werden muß. Und vor jeder Stufe steht ein neues Staunen, ein neues A. Wenn das Ereignis, dem der Mensch begegnet, sehr befremdend, vielleicht sogar alarmierend ist, kann auch Abwehr im A liegen. Wenn er etwas schon lange Bekanntes zum ersten Mal richtig begreift, sagt er vielleicht «Aha». Für den Eurythmisten kann es aufschlußreicher als viele Erklärungen sein, daß der erste Mensch, der im Paradies erschaffen, dann aus dem paradiesischen Zustand entlassen wurde und vor einem gewaltigen Neuanfang stand, den Namen «Adam» trägt.

In dem folgenden Gedicht von Albert Steffen erklingen die Laute A und L im refrainartig wiederkehrenden Endreim in der letzten Zeile jeder Strophe.

Die Form des vokalischen Endreimes ist ähnlich dem Zusammenklang, der entsteht, wenn eine Saite erklingt und ihr reiner Ton eine andere Saite zum Mitschwingen anregt. Wenn die Menschenseele von der Schönheit der Naturumgebung zum Miterleben des Entstehens und Vergehens des Lebendigen angeregt wird oder wenn sie sich in harmonischem Einklang mit einer anderen Menschenseele befindet, wenn verschiedene Ereignisse in Beziehung zueinander treten, so kann ein solcher Vorgang, auf die Ebene der Poesie erhoben, als Reimform wiedererscheinen.

Das Weihnachtsgedicht von Albert Steffen lautet:[59]

Als der Tag im Osten graute,
Wandersmann ein Kind erschaute
in der Höhle von Kristall.

Da er sich gen Mittag kehrte,
lag es auf der bloßen Erde,
lichtgebettet überall.

Westwärts in dem Abenddämmern
fand er es bei Rind und Lämmern,
und die Krippe stand im Stall.

Mitternacht, die Weltenstunde
gibt von seiner Herkunft Kunde,
Wiege war der Sonnenball.

Licht der Welt herabgekommen
zu der Heimatlosen Frommen,
tönt der Himmel Widerhall.

Else Klink fand für dieses Gedicht eine überaus eindrucksvolle Form eurythmischer Darstellung: Ein Eurythmist gestaltete das ganze Gedicht solistisch. Im Hintergrund der Bühne aber stand ein Chor von Eurythmisten, der – wie als Goldgrund eines Bildes – während der ersten Zeile jeder Strophe ruhig und zart eine A-Gebärde entstehen ließ und der jede zweite Zeile mit einer ebenso behutsamen L-Gebärde begleitete. Die dritte Zeile eurythmisierte der Chor, immer noch stehend, so, daß er die Gebärden zurückhaltend begann und zum Endreim «… all» hin steigerte. Aus der Verschiedenheit der Reimworte und der aus ihnen hervorgehenden Bilder wurden die Gebärden des A und auch des ausklingenden L verschieden nuanciert:

klein, klar konturiert bei	«…Kristall»,
horizontal in die Weite strömend bei	«…überall,»
breit nach unten bei	«…Stall»,
schmal und hoch hinauf bei	«…Sonnenball» und
alle Dimensionen umgreifend bei:	«…der Himmel Widerhall».

Es wurde in der fünfmaligen Wiederholung des im A erklingenden Reimes der einheitliche und doch vielfältige Hintergrund des Gedichtes sichtbar. Die Zuschauer fühlten sich einbezogen in das Geschehen: Alle Wesen der Erde und des Himmels nehmen staunend teil an dem Neubeginn, der durch die Geburt des Christkindes für die Menschheit geschah.

Die Gebärde des O-Lautes beschreibt Rudolf Steiner so:[60, 61]

«Jede sich zusammenfügende Rundung der Glieder.»

«Sie müssen versuchen, die O-Gebärde so zu machen, daß Sie sich schon vom Anfange an gegen das Ende in die Rundung hineinlegen, ganz schmiegsam vom Anfang an die Arme runden. Ganz vom Anfange an gleich in die Rundung hineingehend.»

Und den seelischen Ursprung hinzufügend charakterisiert er:

«Nun können Sie am reinsten sich das vorstellen, wenn Sie, sagen wir, Liebe zu einem Wesen haben und dieses Wesen mit den Armen umfassen; dann bekommen Sie die naturgemäße Gebärde der O-Bewegung heraus, die halbkreisförmig gebogenen Arme, die das andere umfassen und welche die O-Bewegung, die O-Gebärde darstellen.» «...so daß das O im wesentlichen gebärdenhaft wird, wenn nicht nur der Mensch sich empfindet, sondern von sich ausgehend ein anderes Ding empfindet oder ein anderes Wesen empfindet, das er umfassen will.»

Die vielen O-Laute im Aufruf des Ariel (vgl. S. 81) bringen die liebevolle Fürsorge des Luftgeistes für seine Nachtelfen und Dämmerungsgeister ebenso vortrefflich zum Ausdruck wie das feierliche Hochgefühl, das er dem großen Geschehen des Sonnenaufganges entgegenbringen möchte.

In den ältesten semitisch-phönizischen Alphabeten wurden noch keine Vokale aufgezeichnet, sondern nur die Konsonanten. Erst im griechischen Alphabet gab es eigene Schriftzeichen für die Vokale. Sie wurden ihrem Wesen entsprechend sinnvoll angeordnet: Das A – Alpha – an den Anfang, das O – Omega – an das Ende, das I – Jota – in die Mitte des Alphabetes. Der Mensch erzeugt die A-Stimmung in seiner Seele, wenn Neues aus der Welt an ihn herankommt, das ihn beeindruckt und prägt. Er bildet die O-Stimmung aus, wenn er auf das, was aus der Welt an ihn herankommt, liebevoll eingeht. Er erweckt die I-Stimmung, wenn er das Gleichgewicht sucht zwischen dem, was ihn von außen zu stark beeindrucken könnte, und dem, was ihn zu sehr aus sich herausführen würde.

Diese drei Laute repräsentieren in ihrer Spannweite einen großen Bereich des seelischen Lebens. Sie haben oft eine ganz besondere Anordnung und Stellung in dichterischen Werken.

Rudolf Steiner empfiehlt die Lautfolge I – A – O in einer spezialisierten Form als hygienisch-therapeutische Übung zur Harmonisierung des ganzen Menschen, wenn die Gefahr besteht, daß Einseitigkeiten zu Krankheiten werden können.[62]

Wenn der Eurythmist sich mit den einzelnen Vokalen und den einzelnen Konsonanten intensiv beschäftigt hat und nun den größeren Zusammenhang – das Vokalische und das Konsonantische – zu ergründen sucht, kann ihm bewußt werden, wie fruchtbar es ist, daß Steiner die Goethesche Idee der Metamorphose weiterentwickelt hat und vom Urbild des redenden Menschen ausgeht, um die einzelnen Gebiete des Sprachlichen für die Eurythmie – letztlich aber für die gesamte Kultur – zu erschließen.

Sprachforscher und Philosophen haben das Wesen der Vokale und der Konsonanten zu erfassen und zu beschreiben versucht. Sie fanden interessante Teilaspekte. So schreibt z. B. Johann Gottfried Herder in seiner geistvollen Schrift «Vom Ursprung der Sprache»:[63]

«Nehmet die sogenannte göttliche, erste Sprache, die hebräische, von der der größte Teil der Welt die Buchstaben geerbet; daß sie in ihrem Anfang so lebendigtönend, so unschreibbar gewesen, daß sie nur sehr unvollkommen geschrieben werden konnte – dies zeigt am allermeisten der völlige Mangel ihrer Vokale. Woher kommt die Sonderbarkeit, daß ihre Buchstaben nur Mitlauter sind, und daß eben die Elemente der Worte, auf die alles ankommt, die Selbstlauter, ursprünglich gar nicht geschrieben wurden? Diese Schreibart ist dem Lauf der gesunden Vernunft so entgegen, das Unwesentliche zu schreiben und das Wesentliche auszulassen, daß sie den Grammatikern unbegreiflich sein müßte, wenn Grammatiker zu begreifen gewohnt wären. Bei uns sind die Vokale das erste und lebendigste und die Türangeln der Sprache; bei jenen werden sie nicht geschrieben – warum? – weil sie nicht geschrieben werden konnten. Ihre Aussprache war so lebendig und feinorganisiert, ihr Hauch war so geistig und ätherisch, daß er verduftete und sich nicht in Buchstaben fassen ließ. Nur erst bei den Griechen wurden diese lebendigen Aspirationen in förmliche Vokale aufgefädelt, denen doch noch Spiritus usw. zu Hilfe kommen mußten; da bei den Morgenländern die Rede gleichsam ganz Spiritus, fortgehender Hauch und Geist des Mundes war. Es war Odem Gottes, wehende Luft, die das Ohr aufhaschete, und die toten Buchstaben, die sie hinmalten, waren nur der Leichnam, der lesend mit Lebensgeist beseelet werden mußte.»

Herder – und manche anderen Denker nach ihm – kommen erstaunlicherweise nicht zu einer deutlichen Aussage über die Konsonanten.

Rudolf Steiner spricht 1911 zum ersten Mal über seine geisteswissenschaftlichen Forschungsergebnisse, den Ursprung und das Wesen der Vokale und der Konsonanten betreffend:[64]

«Aus der Geisteswissenschaft ist bekannt, daß in alten Zeiten, namentlich in der atlantischen Zeit, so etwas wie eine Art menschlicher *Ursprache* vorhanden war, eine Art von Sprechen, welche über die ganze Erde hin ähnlich war, weil ‹Sprechen› in jenen Zeiten mehr aus dem Innersten der Seele kam als heute. Das kann schon aus folgendem entnommen werden. In den atlantischen Zeiten empfanden die Menschen alle äußeren Eindrücke so, daß die Seele, wenn sie etwas Äußeres ausdrücken wollte mit einem Laut, gedrängt wurde zu einem Konsonanten. Was also im Raum vorhanden war, drängte dazu, konsonantisch nachgeahmt zu werden. Das Wehen des Windes, das Rauschen der Wellen, das Geschütztsein durch ein Haus empfand man und ahmte es nach durch *Konsonanten*. Was man dagegen innerlich erlebte an Schmerz oder Freude, oder auch, was ein anderes Wesen empfinden konnte, das ahmte man nach im *Vokal*. Daraus kann man sehen, daß die Seele im Sprechen zusammenwuchs mit den äußeren Vorgängen oder Wesenheiten.»

Den ersten Eurythmisten machte Steiner das Ergebnis seiner Forschung in der Weise zugänglich, daß er ihre persönliche Aktivität und ihren künstlerischen Sinn aufrief, sich dem seelischen Ursprung der Laute zuzuwenden und das hohe Ziel anzustreben, aus einem die gegebenen Laute benützenden Wesen zu einem Laute schaffenden Wesen zu werden. Er schreibt im Jahre 1924:[65]

«Wer eurythmisieren will, muß in das Wesen der Sprachgestaltung eingedrungen sein. Er muß vor allem an die Geheimnisse der Lautschöpfung herangekommen sein. In jedem Laute ist ein Ausdruck für ein Seelenerlebnis gegeben. Im vokalischen Laute ein solcher für ein gedankliches, gefühlsmäßiges, willensartiges Sich-Offenbaren der Seele, im konsonantischen Laute für die Art, wie die Seele ein äußeres Ding oder einen Vorgang vergegenständlicht. Dieser Ausdruck des Sprachlichen bleibt beim gewöhnlichen Sprechen zum größten Teile ganz unterbewußt; der Eurythmist muß ihn auf ganz exakte Art kennenlernen, denn er hat, was im Sprechen hörbar wird, in die ruhende und bewegte Gebärde zu verwandeln.»

Schon in der Beobachtung dessen, was der Mensch beim Sprechen tut, beginnt der erste Schritt des Kennenlernens. Wenn er Vokale – Selbstlauter – ausspricht, geht der Atemstrom direkt und tönend von innen durch den Kehlkopf nach außen. Bei den Konsonanten – Mitlauter – dagegen kann er wahrnehmen, wie die Sprachwerkzeuge die Gestalt bewirken. Das Tönende tritt zurück, es muß von den Vokalen ausgeliehen werden, und man sagt dann Ka, Be, eL, eS. Man kann Konsonanten einteilen in

Lippenlaute: W, B, P, F, M,
Zahnlaute: D, T, S, Sch, englisches Th, N
und Gaumenlaute: G, K, Ch, NG.

Doch ist eine andere Einteilung, die mit dem Verstärken und Hemmen des Atemstromes zusammenhängt, ebenso bedeutsam:

Stoßlaute: B, P, M, D, T, N, G, K
Blaselaute: W, F, S, Sch, Ch
Zitterlaut: R
Wellenlaut: L

Die *Stoßlaute* gestaltet der Eurythmisierende in der Art, daß die Bewegung der Arme in eine ruhende Form einmündet.

Er empfindet dabei deutlich, daß die Gebärde eines Stoßlautes verwandt ist mit dem Prozeß, der in der Natur zu den festen Formen hinführt. Jede feste Form ist einst aus einer Bewegung hervorgegangen.

Die Gebärde des Stoßlautes B ist eine beschützende. Der Bewegungsstrom geht vom Schulterblatt aus, hebt die beiden Arme seitlich in verschiedene Höhe und führt sie nach vorne. Vom ersten Augenblick an hat die Gebärde eine sich rundende, einhüllende Tendenz, die sich immer mehr verstärkt, bis die Bewegung – sanft oder ruckartig – zur Ruhe gekommen ist. Rudolf Steiner sagt über den B-Laut:[66]

«Wenn wir dieses B formen, so ist es immer eine Nachahmung von etwas. Würde man festhalten in der Luftgestalt dasjenige, was in dem B sich bildet – es liegt darinnen, daß wir das B aussprechen -, so ist es immer etwas Umhüllendes. Es kommt eine umhüllende Form heraus. Es kommt dasjenige heraus, was man eine Hütte, ein Haus nennen kann. Das B bildet immer eine Hütte, ein Haus nach.»

Es gibt unzählige Vorgänge des Beschützens und Einhüllens, Umschließens und Umgreifens in allem, was den Menschen umgibt. Wenn der Eurythmist diese Vorgänge zum inneren Erleben bringt, wird er fühlen, daß das B als Echo seiner Seele diesen Vorgängen entspricht. Er wird seine Aufmerksamkeit auf Worte lenken, die das B enthalten – baden, ballen, brüten, beugen, bergen, binden, Lob, Liebe, Laub. Und er wird mit dem B vertraut, wenn er ihm an besonderer Stelle eines dichterischen Werkes begegnet. Plötzlich kann das B als «Nachahmung eines Hauses» so konkret vor ihm stehen, daß er innehält vor Überraschung, wie bei dem herrlichen Sonett von Conrad Ferdinand Meyer:[67]

Die Krypte

Baut, junge Meister, bauet hell und weit
Der Macht, dem Mut, der Tat, der Gunst der Stunde,
Der Dinge wahr und tief geschöpfter Kunde,
Dem ganzen Genienkreis der neuen Zeit!

Des Lebens unerschöpften Kräften weiht
Die freud'ge, lichtdurchflutete Rotunde -
Baut auch die Krypte drunter, wo das wunde
Gemüt sich flüchten darf in Einsamkeit:

Vergeßt die Krypte nicht! Dort soll sich neigen
Das heil'ge Haupt, das Dornen scharf umwinden!
Ich glaube: Ein'ge werden niedersteigen.

Dort unten werden ein'ge Trost empfinden.
Wir mögen, wenn die Leiden uns umnachten,
Nicht Glück noch Ruhm, nur größern Schmerz betrachten.

Der Dichter hätte keine schönere Initiale für dieses Gedicht finden können. Mit der Lautkraft des B in dem ersten Worte «Baut» – das dann noch zweimal wiederholt wird – gibt er dem Inhalt die poetische Prägung. Er hebt das Wort «Baut» durch die besondere Betonung im Gesamt-Rhythmus hervor. Als einziges Tätigkeitswort der ersten Strophe beherrscht es alle Aufzählungen derselben. Der Eurythmist wird versuchen, das B und das ganze Wort «Baut» in einem stummen Auftakt vorzubereiten und dann so nachhaltig zu gestalten, daß es in der Seele lebendig bleibt für jede einzelne Aussage: (Baut) ... der Macht, (Baut) ... dem Mut, bis (Baut) ... dem ganzen Genienkreis der neuen Zeit.

Es sind tiefgründige Erfahrungen, die der Eurythmisierende selbst macht und die er durch seine künstlerische Aussage auch anderen vermittelt, indem er die Konsonanten – das Echo der Seele auf die Vorgänge der Welt – bis in die Gebärde hinein in sein Bewußtsein hebt. Würde die Eurythmie eine weite Verbreitung im kulturellen Leben finden, so könnte die Entfremdung vieler Menschen zwischen sich und der Welt in eine nahe Beziehung umgewandelt werden. Selbst für einen Architekten könnte vielleicht die Erfahrung mit der eurythmischen Gebärde des B-Lautes eine künstlerisch belebende Wirkung haben auf die Art, wie er das schützende Element eines Hauses ganz speziell für das, was darin geschehen soll, bis in die äußere Form hinein gestaltet – für die Familie das Wohnhaus, für den Betenden die Kirche, für den Arbeitenden die Fabrik und das Büro, für die Kinder die Schule.

Die *Blaselaute* formt der Eurythmisierende – dem verstärkten Atemstrom im Sprechen gemäß – als leichte, schnelle Gebärden der Arme, die den ganzen Körper ein wenig mitbewegen oder sogar vehement mitreißen. Ob die Gebärden heranwehenden, wegblasenden, hinaufbrausenden oder wellenförmig schwingenden Charakter annehmen – immer haben sie die Tendenz, sich in die Höhe, Tiefe oder in die Weite hinein langsam oder schnell oder sogar abrupt aufzulösen. Im Sprechen und Eurythmisieren der Blaselaute ahmt man nach, was durch das Element des Feurigen, das mit seiner aufsprühenden Natur auch das Luftige, das Wäßrige und das Feste ergreifen und auflösen kann, in der Welt vor sich geht. Es ist unmittelbar einleuchtend, daß der Sch-Laut zum Ausdruck bringen kann, was geschieht, wenn Wasser auf die heiße Herdplatte trifft oder der Sturzbach aufschäumt. Die lebendige Erfahrung, wie eng die Beziehung der Seele zum feurigen Element sein kann, hat der Choleriker, wenn er aufbraust, wenn er schäumt vor Wut, wenn die Funken seines Geistes sprühen.

Die eurythmische Gebärde des Sch beginnt, indem die Hände horizontal vor dem Körper – die Handfläche nach unten – gehalten werden. Sie bewegen sich, in dieser Lage bleibend, sehr schnell in einer spiralförmigen Bewegung nach oben, wo die Bewegungsgestalt, ehe man sich's versieht, verschwindet. Die rechte Hand bewegt sich im Uhrzeigersinn, die linke symmetrisch in Gegenrichtung. Man sieht und erlebt, wie Sichtbares ins Unsichtbare verschwindet. In dem Worte «Mensch» kann das Sch aussagen, daß über das Sichtbare hinaus ein Unsichtbares zum Menschen gehört.[68]

Ein vielseitiger, schwer zu fassender Blaselaut ist das S. Rudolf Steiner führt die Eurythmisten behutsam und von vielen Seiten an diesen Laut heran:[69]

«Der S-Laut, – S – , er ist dasjenige, was immer empfunden wurde, als eben ein Empfinden für diese Dinge noch vorhanden war, als etwas ganz besonders tief in das Sprachliche Eingreifendes. Man kann sagen, das Erlebnis des S-Lautes hängt zusammen mit denjenigen Empfindungen, welche man in Urzeiten der Menschheitsentwickelung für das Schlangensymbol oder auch in gewissem Sinne für das Symbol des Merkurstabes gehabt hat – aber nicht für das eigentliche Merkursymbol, sondern eben für das Symbol des Merkurstabes … das Symbol des Merkurstabes, das eine so große Rolle spielt in gewissen orientalischen Schriften, wo die S-Bildung, die wir heute noch haben, die ja deutlich an das Schlangensymbol erinnert, wo die S-Bildung sozusagen als Buchstabe zugrundeliegt, diese Empfindung gegenüber dem S, der S-Schwingung, der S-Windung, sie ist eigentlich außerordentlich kompliziert, und sie wird, wenn man sie elementar empfindet, eigentlich darin bestehen, daß man eine gewaltige Beruhigung desjenigen fühlt, was in Unruhe ist, wobei man die Sicherheit empfindet, in das verborgene Wesen von irgend etwas beruhigend einzugreifen.»

« … der Hinweis auf das S war immer verbunden mit etwas – wenn ich mich trivial ausdrücken darf – , mit etwas Furchterregendem bei denjenigen, die man auf dieses Symbolum hinwies; etwas Furchterregendes, etwas, wovor man sich hüten soll und das man doch wiederum im Leben nicht entbehren kann.»[70]

Und während eine Eurythmistin das S vorführt:[71]

« ... sehen Sie sich an, wie eigentlich hier etwas mit Beherrschung abgelenkt wird im S-Laute. Empfinden Sie dieses als mit Beherrschung abgelenkt.»

Der Eurythmisierende hat vielseitige Möglichkeiten, die S-Gebärde zu gestalten. Sein Bewegungswille ist zu besonderer Aktivität aufgerufen. Die vorgestellte Form einer S-Linie, mit der Hand in die Luft gezeichnet, wäre noch keine eurythmische S-Gebärde. Das S ist zukunftsorientiert auf die Wirkung, die es ausüben wird. Schon in der sprachlichen Anwendung des S als Interjektion ist das zu bemerken: Ob man mit einem sanften «ssst» ein weinendes Kind beruhigen will oder ob man den Laut heftig ausstößt, um eine Horde lärmender Kinder zu rügen – man vertraut auf die Willenswirkung des S-Lautes.

Durch eine intensive S-Bewegung von unten nach oben und von oben nach unten, so ausgeführt, daß die Hände vollkommen symmetrisch auseinander- und zusammengeführt werden und sich dabei vor dem wie ein Stab hoch aufgerichteten Körper kreuzen, kann die Impression eines Merkurstabes entstehen. Wenn der Eurythmisierende jedoch von unten – fast am Boden in der Kniebeuge beginnend – die Hände nicht nebeneinander, sondern nacheinander und sich gegenseitig überholend sehr schnell und geschmeidig bis in die höchste Höhe – nun auf den Zehenspitzen stehend – hinaufführt und das mehrmals wiederholt, so kann das Bewegungsbild der züngelnden Flamme sichtbar werden. Läßt er jedoch die S-Bewegung breit von oben nach unten fließen, wird die beruhigende Seite des Lautes hervortreten. Eine sehr schnelle, scharf geführte und abrupt endende S-Bewegung kann unerbittlich wirken. Dieser Laut ist kaum zu fassen, doch wenn er als eurythmische Gebärde da ist, fühlt man ihn kraftvoll gegenwärtig.

Wo der Dichter als Stoff ein Bewegliches, Sprühendes, sich Auflösendes, Beherrschendes, einen Zauber Ausübendes oder ein zum Übersinnlichen Hinstrebendes gewählt und diesem durch Hervorhebung der Blaselaute eine entsprechende poetische Form verliehen hat, wird es der Eurythmist zur höchsten Steigerung bringen können, denn die intensive Bewegung ist ja sein Element. Da wird der Zuschauer am leichtesten den gedanklichen Inhalt eines Gedichtes als reine Bewegung, als künstlerisch-eurythmisches Geschehen erleben können. Zwei Beispiele mögen die Aussagekraft der Blaselaute, besonders des S und des Sch erhellen:[72]

Augustnacht

Stille, herrliche Sommernacht!
Silberfischlein springen lustig
in dem himmlischen Meer.
Hochauf schnellen
die zierlichen Leibchen sich
blitzschnell
wieder verschwindend.

Christian Morgenstern (1871 – 1914)

Und die letzten Zeilen der beiden Strophen in dem Gedicht «Hugenottenlied» von Conrad Ferdinand Meyer:[73]

… Jeder Kuß -
Schicksalsschluß!

… Jeder Schuß -
Schicksalsschluß!

Gibt man sich dem wechselvollen und doch beständigen Wellenspiel des Meeres, eines Flusses, eines Bächleins mitfühlend hin, so fällt es leicht, in diesem Miterleben den seelischen Anlaß zum Aussprechen und Eurythmisieren des Lautes L zu finden. Rudolf Steiner bezeichnet ihn als *Wellenlaut* und charakterisiert ihn folgendermaßen:[74]

«Denken Sie an Ihre Zunge, wenn Sie ein L lauten lassen. Sie gebrauchen Ihre Zunge in einer sehr kunstvollen Weise, wenn Sie ein L lauten lassen: L – L – L. Sie fühlen das Schöpferische, das Formende, wenn Sie ein L lauten lassen.»

«In den Mysterien hat man gesagt: Das L ist das in allen Dingen und Wesen Schöpferische, Gestaltende, die die Materie überwindende Formkraft.»

Lory Smits berichtet, wie Rudolf Steiner ihr im Jahre 1912 das L erläuterte:[75]

«Bei dem L sollte man versuchen, überall draußen in der Natur die freie Entfaltbarkeit gewahr zu werden, mitzuerleben und zu versuchen, durch eine Arm- und Handbewegung dieses Empfinden zum Ausdruck zu bringen. Am deutlichsten sei es natürlich im Pflanzenhaften zu gewahren. Das Greifen und Kräftesammeln in der Region der Wurzeln, das Herauftragen der Säfte durch den Stengel, das allmählich sich immer weiter Entfalten der Blätter, das Aufleuchten der Blüten und endlich ein Zurücksinken ins Welken. Einen ganzen Jahreslauf müßten Sie in diesen Bewegungen zum Ausdruck bringen können. Aber auch im Wäßrigen, im Luftigen, sogar in den Formationen der Erde, im Auftürmen der Gebirge, in den sanften Wellen der Hügel sollte man diese freie Entfaltbarkeit empfinden lernen.»

Der Eurythmisierende kann dieser Beschreibung genau folgen, wenn er die L-Gebärde erzeugt: die Hände unten von beiden Seiten her – wie in die lockere Erde hineingreifend – zusammenführen. Die gesammelten Kräfte in einer schmalen Bewegung nach oben tragen, dort Hände und Arme – wie eine erblühende Blume – seitlich nach außen öffnen. Die sich ausbreitenden Arme wieder nach unten sinken lassen. Eine solche L-Gebärde hat den Duktus des unaufhörlich Weiterströmenden, des unermüdlich Bewegten, daher kommt sie besonders zur Geltung und Wirksamkeit, wenn sie oft wiederholt wird. Eine Zeile in dem Gedicht «Die Metamorphose der Pflanzen» von Goethe kann zum Beispiel den Eurythmisten anregen, die L-Bewegungen besonders hervorzuheben (doch im Grunde genommen steht ja das ganze Gedicht im Zeichen der L-Gebärde):[76]

Aus dem Samen entwickelt sie sich, sobald ihn der Erde
Stille befruchtender Schoß hold in das Leben entläßt.

Er wird diese vier L-Gebärden so differenzieren, daß er die erste weit unten horizontal in die Weite führt, die nächsten drei – bei «hold» klein beginnend – in ihrer Entfaltung immer weiter nach oben steigert.

Das Gefühl des Wachsens, des sich Ausdehnens der Seele in die Sphäre des Schlafes hinein kann durch die Fülle der L-Laute, welche der Dichter Friedrich Hebbel in der ersten Strophe des Gedichtes «Abendgefühl» für die poetische Aussage gewählt hat, eurythmisch sichtbar werden:[77]

Quellende, schwellende Nacht
Voll von Lichtern und Sternen,
In den ewigen Fernen
Sage, wie bist du erwacht?

Der Eurythmisierende wird durch vier sich immer mehr erhöhende und erweiternde L-Gebärden dem Zuschauer allein durch die Bewegung das Gefühl vermitteln, wie die Seele sich in die unendlichen Fernen hinein ausdehnen möchte. Er wird die anderen Laute mehr in der Andeutung belassen.

Für flinke, sehr bewegliche Eurythmisten wird es reizvoll sein, in dem Gedicht von Christian Friedrich Daniel Schubart das wäßrige Element mit der dazugehörigen Forelle durch kleine schnelle L-Gebärden der Hände sichtbar zu machen:[78]

Die Forelle

In einem Bächlein helle,
Da schoß in froher Eil'
Die launische Forelle
Vorüber wie ein Pfeil.

Daß in der folgenden Zeile mehr Stoßlaute vorkommen, entspricht dem Inhalt:

Ich stand an dem Gestade...

ebenso wie die beruhigende Seite des S-Lautes:

Und sah in süßer Ruh...

Dann taucht das L wieder auf:

Des muntern Fischleins Bade
im klaren Wasser zu.

Die seelische Kraft des L, welche den gesprochenen und den eurythmisch bewegten Laut impulsiert, verbindet sich mit allem, was sich im Lebendigen der Naturreiche abspielt, sie ist der Seelenkraft verwandt, die der Erforscher des Lebendigen entwickeln muß, wenn er

sich auf die methodische Forderung einlassen will, die Rudolf Steiner
den Forschern im Reiche des Lebendigen stellt:

«Dem Organischen gegenüber ist es notwendig, einen Begriff aus
dem anderen so hervorgehen zu lassen, daß in der lebendig fortschreitenden Begriffsverwandlung *Bilder* dessen entstehen, was in der Natur als gestaltete Wesen erscheint.»

Nachdem der Eurythmist sich mit dem Bewegungscharakter jeder
einzelnen *Lautgebärde* so vertraut gemacht hat, daß er sie selbstver-
ständlich und souverän beherrscht, wird er sich der Lautfolge, dem
Übergang von einer Lautbewegung zur anderen widmen, so daß die
größere Einheit der *Wortgebärde* entsteht. Damit das Charakteristische
des Wortes zum Ausdruck komme, wird er Rhythmus, Betonung und
Sinn des Wortes mit der Folge der Lautgebärden verbinden. Doch
stehen die Worte in dem noch umfassenderen Zusammenhang des
Satzes, des Verses, der Strophe und des ganzen Gedichtes, und er wird
alle eurythmischen Bewegungselemente – des Rhythmus, des Satzbaues, des Sinnes, der poetischen Form – in künstlerisch schöpferischem
Gestalten mit den Lautgebärden vereinigen, um das dichterische
Kunstwerk als eurythmisch bewegtes sichtbar zu machen.

Wenn er die Lautgebärden in diesen großen Zusammenhang ein-
fügt, kann er die Erfahrung machen, daß die Stimmung eines einzelnen Lautes ein ganzes Gedicht durchziehen kann, auch da, wo dieser
Laut gar nicht erklingt – ähnlich wie in einer musikalischen Komposition die Grundtonart auch da im Verborgenen anwesend bleibt, wo
der Verlauf sich zeitweise modulierend in andere Tonarten hineinbe-
wegt. So durchweht die I-Stimmung, die Stimmung des sich Hinein-
stellens in die Welt, das Gedicht von Friedrich Nietzsche:[79]

Ecce Homo

Ja! Ich weiß, woher ich stamme!
Ungesättigt gleich der Flamme
Glühe und verzehr ich mich.
Licht wird alles, was ich fasse,
Kohle alles, was ich lasse:
Flamme bin ich sicherlich.

Und der Eurythmist wird etwas vom Charakteristischen der I-Gebärde, die *Streckung*, überall andeutend einfließen lassen; anfänglich in die beiden A-Gebärden bei «Ja» und «stamme», dann sich steigernd, bis zum letzten Wort, wo die I-Stimmung durch die beiden I-Laute in «sicherlich» ihren Höhepunkt erreicht.

Rudolf Steiner zeigte besondere Körperhaltungen und Gesten für seelische Stimmungen, die ein Gedicht ganz oder teilweise durchziehen können, wie z. B. Trauer, Verzweiflung, Heiterkeit, Anmut, Größenwahn, Unersättlichkeit, Erkenntnis usw. Eine Fülle von Variationen der Lautgebärden entsteht, wenn diese von den «seelischen Gesten» modifiziert werden.

Zur Geste «Trauer» bewegt der Eurythmist den rechten Arm, der Schwere nachgebend, nach rechts unten, bis er, am Körper anliegend, zur Ruhe kommt. Rechte Schulter und Kopf begleiten die Bewegung mit einer sanften Neigung nach rechts unten. Der linke Unterarm bewegt sich gleichzeitig in eine waagrechte Haltung vor der Körpermitte. Die Handflächen sind ein wenig gebeugt. Die Gesten, die einen solchen Stimmungsgehalt der Seele zum Ausdruck bringen, werden in den Pausen, vor oder nach einer Zeile, einem Satz, einem Nebensatz, einer ganzen Strophe ausgeführt, und von da aus beeinflussen sie den Verlauf der Laut- und Wort-Gebärden.[80]

Die ersten Zeilen des spanischen Heldenepos «Der Cid»[81]

Trauernd tief saß Don Diego,
- Wohl war keiner je so traurig -,
Gramvoll dacht er Tag und Nächte
Nur an seines Hauses Schmach.

könnte der Ausführende in der Art gestalten, daß er die Geste «Trauer» schon vor Beginn des Gedichtes einnimmt, dann die Arme schwer nach hoch oben führt und sie während der ersten Zeile wieder heruntersinken und in «Trauer» einmünden läßt. In diese große, schwer herabsinkende Bewegung würde er die Wortgebärden hineingestalten. Ähnlich könnte er die zweite und die vierte Zeile ausführen.

Zur Geste «Heiterkeit» hebt der Eurythmist die Arme aufwärts, die ganze Gestalt ist vom Gefühl der Leichtigkeit ergriffen, die Füße berühren den Boden nur mit den Ballen, die Finger sind leicht gespreizt, die Folge der Wortgebärden wird immer wieder in die nach oben geführte Bewegung eingegliedert.

Eine außerordentliche Vielfalt des Ausdrucks in der künstlerischen Gestaltung erschließt sich dem Eurythmisten, wenn er die Laut- und Wortgebärden zu einer Geste für den Stimmungsgehalt des Gedichtes in Beziehung setzt: Eine A-, eine O-, eine L- oder eine S-Gebärde, vor allem aber auch die Wortgebärden, können in überraschenden Variationen erscheinen, wenn sie mit einer Geste wie «Erkenntnis», «Feierlichkeit», «Verzweiflung», «Unersättlichkeit» oder «Andacht» in Verbindung gebracht werden.

Es sollte mit diesen Ausführungen dargelegt werden, daß die Eurythmie eine wirkliche, sichtbare Sprache ist! Der große Hintergrund geistig-seelischer Aktivität, die den Menschen zum Dichten, zum Rezitieren und zum Sprechen veranlaßt, wird in die Gestaltung eurythmischer Bewegungen ebenso einbezogen wie das Wirken lebendiger Bildekräfte, welche die gesprochenen Laute hervorbringen und als deren Metamorphose die eurythmischen Laute zur Sichtbarkeit kommen. Daß diese größtenteils unterbewußten Vorgänge, die den Menschen zu sprachlichem Ausdruck befähigen, heute stärker ins Bewußtsein gehoben werden und sogar in die eurythmische Kunst einfließen können, ist Rudolf Steiner zu verdanken. Seine Erkenntnis, daß Konsonanten dem Echo der Seele auf die Vorgänge in der Welt, die Vokale dem Gespräch der Seele mit sich selbst entsprechen, gewinnt durch die Eurythmie Aktualität und Präsenz. Die Eurythmie möchte jeden, der sie ausübt oder anschaut, anregen, die großen Dimensionen, in die der Mensch hineingestellt ist und die er als ein Mikrokosmos auch in sich trägt, zu fühlen, zu erleben und zu erkennen.

Das Spezifische der Lauteurythmie kann in Vollkommenheit nur in Erscheinung treten, wenn der Sprachgestalter, der die sichtbare eurythmische Bewegungssprache mit der hörbaren Rezitation begleitet, den Ursprung des dichterischen Wortes in der gleichen Region sucht wie der Eurythmist. Auch der Rezitator darf sein Bewußtsein nicht allein dem gedanklichen Inhalt eines poetischen Werkes zuwenden, sondern er soll das Charakteristische der einzelnen Vokale und Konsonanten, den Klang von Reimen oder Alliterationen, wie auch Rhythmus, Metrum, Hoch- und Tiefton in eine Gesamtform bringen, welche den Inhalt so aufnimmt, daß er als Dichtung erscheint.

Es war eine bedeutsame und glückliche Fügung, daß Marie von Sivers – später Marie Steiner – sich dieser Aufgabe widmete. Sie hatte eine hervorragende schauspielerische Ausbildung in Leningrad und Paris genossen und hatte ab 1907 in den Dramen von Edouard Schuré und in den Mysteriendramen von Rudolf Steiner die tragenden Rollen verkörpert. Als im Jahre 1912 die Eurythmie entstand, hatte sie nicht nur das intensivste Interesse für die neue Kunst, sondern es stand ihr das Können, das Einfühlungsvermögen und die künstlerische Phantasie zur Verfügung, die Anregungen Steiners aufzugreifen und eine Art der Rezitation zu veranlagen, die im Einklang war mit der Eurythmie.

Rudolf Steiner schreibt im Jahre 1924 darüber:[82]

«Für die Rezitation und Deklamation, die im Zusammenhang mit der Eurythmie zur Darstellung kommen, ist zu beachten, daß diese in einer wirklichen künstlerischen Gestaltung der Sprache auftreten müssen. Rezitatoren oder Deklamatoren, die nur den Prosa-Inhalt der Dichtung pointieren, können in der Eurythmie nicht mitwirken. Wahre künstlerische Dichtung entsteht nur durch die imaginative, oder musikalische Gestaltung der Sprache. Der Prosa-Inhalt ist nicht das Künstlerische sondern nur der Stoff, an dem sich das Bildhafte der Sprache, oder auch Takt, Rhythmus, Versbau und so weiter offenbaren sollen. Jede dichterische Sprache ist schon eine verborgene Eurythmie. Der Rezitator und Deklamator muß durch das Malerische, Plastische oder Musikalische der Sprache das aus der Dichtung herausholen, was der Dichter in sie hineingelegt hat.»

Es möge hier die Erfahrung einer Künstlerin mitgeteilt werden, die versuchte, seelische Erlebnisse, die vielleicht einer sichtbaren Sprache bedurft hätten, in pantomimischer Form zum Ausdruck zu bringen. Asta Nielsen war zu Beginn des 20. Jahrhunderts in Kopenhagen als Schauspielerin ausgebildet worden und trat mit Erfolg in den Theatern Nordeuropas auf. Dann wurde sie aufgrund ihrer starken mimischen Ausdruckskraft ein gefeierter Star sowohl im deutschen

Stummfilm als auch in ihren eigenen Pantomimedarbietungen auf der Bühne. Da sie aber lange Zeit als Schauspielerin ihre seelische Ausdruckskraft in die Sprache hinein gegeben hatte, konnte sie sich vielleicht von dieser Form des Ausdrucks nicht mehr ganz lösen. Sie schreibt in ihrer Autobiographie:[83]

«Eine Pantomime zu spielen ist wie die Flucht aus der greifbaren Welt des Filmes und des Theaters ins Märchen. Die Pantomime ist das Traumland des Schweigens; die Musik verleiht einem Schwingen; Liebe, Schmerz, Tod, alle Gemütsstimmungen erhebt sie zu überirdischem Zauber. Dazu gibt das Schreiten über eine große Bühne einem die erlösende Gelegenheit, die Ausdrucksfähigkeit des Körpers voll zu entfalten. Hier erst wurde mir bewußt, wie richtig es war, daß meine Ausdruckslehrer mir seit frühester Jugend jegliche Art Gymnastik verboten hatten. Die Entwicklung der animalischen Eigenschaften des Körpers kann auf dessen Ausdruck seelischer Stimmungen nur hemmend wirken. Ein athletischer Körper kann niemals das schwache Beben der Nerven widerspiegeln und erschlägt die Anmut einer Bewegung, die durch die Vereinigung von Seele und Körper geschaffen wird... Man wird sich wohl wundern, wenn ich berichte, daß mein Hals von meinem stummen Spiel angegriffen wurde, was niemals bei meinen späteren Gastspielen auf der Sprechbühne, selbst in den größten Theatern des Auslandes, vorkam. Daß man nicht spricht, ist ja nicht gleichbedeutend damit, nichts sagen zu müssen. So wird der Zwang, starke Gefühle auszudrücken, während man gleichzeitig des natürlichsten Ausdrucksmittels, der Sprache, beraubt ist, anstrengender als das Sprechen. Die Laute, die unwillkürlich durch stimmungsmäßige Handlungen geboren werden, muß man in der Pantomime künstlich unterdrücken, und dadurch erzeugt man einen lästigen Druck in der Kehle. Die Reizung, die durch solchen Druck entsteht, kann recht unangenehm sein und erzeugt eine nervöse Unruhe. Und diese in Verbindung mit der Anspannung, die jede Vorstellung mit sich bringt, bereitete mir viele schlaflose Nächte.»

Durch die Gymnastik lernt der Heranwachsende, sich in die weisheitsvollen Gegebenheiten seines Bewegungsorganismus einzuleben, er empfindet das persönliche Hochgefühl, das daraus entsteht, daß er seine Bewegungen beherrschen und zielvoll führen lernt. Und er macht Erfahrungen über die Belastbarkeit seines Körpers. Für den Erwachsenen kann sie hilfreich sein, den Körper beweglich zu erhalten, wenn dieser durch Bewegungsmangel vernachlässigt werden muß. Asta Nielsen sieht sehr deutlich, daß die gymnastischen Bewegungen nicht geeignet sind, eine enge Verbindung herzustellen zwischen dem Körper und den Seelenkräften, die der Mensch des zwanzigsten Jahrhunderts entwickeln möchte. Daß sie auf der Suche ist nach der «Anmut der Bewegung, die durch die Vereinigung von Seele und Körper geschaffen wird», enthüllt nicht nur ihre persönliche Situation, sondern zeigt gleichzeitig die Sehnsucht der Menschen im technischen Zeitalter. Denn die vielen genialen Ansätze der großen Bewegungskünstler unseres Jahrhunderts sind aus dieser Sehnsucht hervorgegangen.

V.

Sprachliche Rhythmen
werden eurythmische Bewegung

Beim Betrachten des Meeres erlebt der Mensch urbildhaftes rhythmisches Geschehen – die Welle hebt sich, die Welle senkt sich, «ewig wechselnd». Die Gegensätze von Wellenberg und Wellental werden in unaufhörlichen, immer ähnlichen und niemals gleichen Wiederholungen hervorgebracht und wieder aufgelöst. Im Sturm bäumen sich die Wassermassen haushoch auf, um sofort wieder in tiefe Abgründe zu stürzen. Bei Windstille mag die Wasseroberfläche wie flüssiges Blei daliegen, doch im strahlenden Sonnenschein ist am Glitzern zu sehen, daß sie sich sanft kräuselt, und man fühlt: In Bewegung ist sie immer! Die Gesamtheit der Meere wird von gewaltigen Strömungen durchzogen, welche durch die Wärme am Äquator und die Kälte an den Polen des Erdballs hervorgebracht werden, und sie wird durch kosmische Einflüsse bewegt, die der Mensch als die Gezeiten, als den rhythmischen Wechsel von Ebbe und Flut über den ganzen Erdball hinweg beobachten kann.

Auch die Seele des Menschen lebt in immerwährendem Wechselspiel polaren Geschehens: Sie gibt sich hin an den Umkreis, wenn sie die Erscheinungen der Welt wahrnimmt, und zieht sich zurück in ihr Inneres, wenn sie über das Wahrgenommene nachdenkt; sie gibt sich hin an eine Arbeit und distanziert sich von derselben, wenn sie das Geschaffene prüft; stürmische Wogen der Leidenschaft wechseln mit stiller Beschaulichkeit, Zuversicht mit Resignation, Frohsinn mit Trauer; und die Gegensätze der Bewußtseinszustände von Schlafen und Wachen gehören nicht nur zu den Lebensfunktionen des physischen Körpers, sondern sind auch Offenbarungen des seelischen und geistigen Lebens des Menschen.

Rhythmische Formen der Poesie können aus dem Erleben seelischen Geschehens entstehen.

Das folgende Gedicht Goethes entspringt der Seelenstimmung der Einsamkeit, der Schwermut, der Passivität.[84] Der Dichter erhebt diese Stimmung in die ruhige, von fast eintönigem Gleichmaß erfüllte metrisch-rhythmische Form des vierhebigen trochäischen Versmaßes, x́ x, und daraus erwächst ihm dann das Bild der

Meeresstille

Tiefe Stille herrsch im Wasser,   x́ x x́ x x́ x x́ x
Ohne Regung ruht das Meer,
Und bekümmert sieht der Schiffer
Glatte Fläche rings umher.

Keine Luft von keiner Seite!
Todesstille fürchterlich!
In der ungeheuern Weite
Reget keine Welle sich.

Die ganz andere Seelenstimmung der durch die äußeren Vorgänge angeregten inneren Aktivität gestaltet Goethe in dem folgenden Gedicht[85] – das er in allen Veröffentlichungen der «Meeresstille» angefügt wissen wollte – auf Grundlage des lebhaften, leichten Metrums des Amphibrachys, x x́ x, den er in kürzeren Zeilen mit nur zwei Hebungen anordnet.

Glückliche Fahrt

Die Nebel zerreißen,   x x́ x x x́ x
Der Himmel ist helle,
Und Äolus löset
Das ängstliche Band.
Es säuseln die Winde,
Es rührt sich der Schiffer.
Geschwinde! Geschwinde!
Es teilt sich die Welle,
Es naht sich die Ferne;
Schon seh' ich das Land!

Einen vielgestaltigen umgebundenen Rhythmus, der auch von der Satzbildung beeinflußt ist, wählt Goethe, um einem erhabenen Gedanken, den er in umfassender Weise sinnend in seiner Seele bewegt hat, die poetische Gestalt zu geben:[86]

Gesang der Geister über den Wassern

Des Menschen Seele
Gleicht dem Wasser:
Vom Himmel kommt es,
Zum Himmel steigt es,
Und wieder nieder
Zur Erde muß es,
Ewig wechselnd.

Strömt von der hohen,
Steilen Felswand
Der reine Strahl,
Dann stäubt er lieblich
In Wolkenwellen
Zum glatten Fels,
Und leicht empfangen
Wallt er verschleiernd,
Leisrauschend
Zur Tiefe nieder.

Ragen Klippen
Dem Sturz entgegen,
Schäumt er unmutig
Stufenweise
Zum Abgrund.
Im flachen Bette
Schleicht er das Wiesental hin,
Und in dem glatten See
Weiden ihr Antlitz
Alle Gestirne.

Wind ist der Welle
Lieblicher Buhler;
Wind mischt vom Grund aus
Schäumende Wogen.

Seele des Menschen,
Wie gleichst du dem Wasser!
Schicksal des Menschen,
Wie gleichst du dem Wind!

Der Zuhörer fühlt unmittelbar eine höhere Ordnung im Dahinfließen poetischer Rhythmen, sein Gefühl schwingt mühelos in ihre Bewegung ein. Der Eurythmist muß sich nicht nur eine überaus vielseitige Beweglichkeit erüben, wenn er ein sprachliches Kunstwerk mit allen Nuancen zur Sichtbarkeit bringen will, er wird sich auch bewußt machen wollen, welche Gesetze in dieser höheren Ordnung wirksam sind, welche Kräfte den sprachlichen Fluß in so vielfältiger Weise – befeuernd und beruhigend, beschleunigend und verzögernd, formend und auflösend – differenzieren. Doch wenn er es in Worte zu fassen versucht, fühlt er das Ungenügen seiner Aussage. Denn der Rhythmus hält nicht still, um sich geruhsam und distanziert betrachten zu lassen. Der Mensch ist aufgefordert, sich ihm fühlend hinzugeben, sich mitzubewegen, – oder aber ihn selbst zu erzeugen.

Aber – sagt der Herzspezialist – ein Elektrokardiogramm ist doch ein präzise festgehaltenes Abbild des Herzrhythmus, das man in Ruhe betrachten kann. Nein, möchte man erwidern, für den, der es nicht lesen kann, ist es ein Papierstreifen mit gezackten Linien darauf. Der Spezialist aber, der es lesen kann, ist durch Übung und Erfahrung geschult, aus diesen Linien die Bewegungsvorgänge des Herzens in seiner Vorstellung zu reproduzieren. Da ihn jedoch das Resultat seiner Vorstellungstätigkeit mehr interessiert als diese selbst, beachtet er sie kaum. Beachtete er sie, würde ihm klar, daß eine rhythmuserzeugende Kraft in seiner Seele lebt, die ihn befähigt, diesen Rhythmus als Bewegung vorzustellen, eine Kraft, die ihm für das Studium rhythmischer Lebensvorgänge unentbehrlich ist. Die rhythmuserzeugende Kraft in der Seele des Musikers ist es auch, die aus dem nüchternen Notenbild den feurigen Rhythmus hervorholt, den der Komponist hineingezaubert hat.

Da es für den Eurythmisten eine elementare Notwendigkeit ist, sich der rhythmuserzeugenden Kraft in der Menschenseele zuzuwenden, wird er seine Aufmerksamkeit auf alle rhythmischen Vorgänge richten, wo immer sie auftreten, und nach ihrer Entstehung fragen.

Mit dem ersten Schrei tut das neugeborene Kind kund, daß seine Seele in den Körper eingezogen ist und sich äußern will. Dann weiß man: Es lebt! Es atmet! Das Herz schlägt! Man weiß auch, daß dieses wunderbare rhythmische Atmen und Pulsieren so lange währt, bis der Mensch mit dem letzten Atemzuge seine Seele aushaucht.

Das zeitliche Geschehen von Atem und Pulsschlag folgt höheren Gesetzen, die man sich durch Zahlen bewußt machen kann, doch sind rhythmische Vorgänge niemals vollkommen berechenbar. Während der Mensch einmal ein- und ausatmet, schlägt sein Herz durchschnittlich viermal. Im Körperinneren ist somit das Verhältnis zwischen Atem und Pulsschlag = 1 : 4 gegeben. Doch besteht auch eine Beziehung zwischen dem Atemrhythmus des Menschen und den

Bewegungen, die der Erdplanet ausführt. Sie kann uns bewußt werden durch die Zahl 25 920.

Da die Erde sich um ihre eigene Achse dreht, erleben wir die Himmelserscheinung des Tageslaufes. Wir sehen die Sonne am Tage, den Mond, die Planeten und die Fixsterne in der Nacht von Osten nach Westen über den Himmel ziehen. Auf- und Untergang der Sonne, Mittagshöhe und Mitternacht gliedern den Tag im Verhältnis von 1 : 4. In einer Minute atmet der Mensch durchschnittlich 18 mal und sein Herz schlägt 72 mal. An einem 24-Stunden-Tag atmet er 25 920 mal.

Da die Erde sich in einer elliptischen Bahn um die Sonne herumbewegt, erleben wir die Himmelserscheinung des Jahreslaufes. Wir erleben die vier Jahreszeiten, denn das Jahr ist astronomisch gegliedert im Verhältnis 1 : 4 durch Winter- und Sommer-Sonnenwende und durch Frühjahrs- und Herbstes – Tag- und Nachtgleiche. Wenn der Mensch das biblische Alter von 71 Jahren erreicht, hat er etwa 25 920 Tage gelebt.

Auch die Erdachse führt eine – kreiselähnliche – Bewegung aus, und wir können die Folge davon durch Berechnungen kennenlernen und uns vorstellen: Der Frühlingspunkt – das ist der Punkt, an dem, von der Erde aus gesehen, die Sonnenbahn den Himmelsäquator im Frühjahr kreuzt – durchwandert in 25 920 Jahren den ganzen Tierkreis.

Solche Aspekte, auf die Rudolf Steiner aufmerksam macht, bringen uns die Größe und Weite eines verborgenen rhythmischen Geschehens zum Bewußtsein, in das wir mit jedem Atemzug, jede Minute, jeden Tag, jedes Jahr und unser ganzes Leben lang einverwoben sind.

Die genannten Zahlen sind nur Durchschnittszahlen. Die Zahl von 72 Herzschlägen in der Minute wird wohl in der einzelnen Minute selten ganz genau zu finden sein. Denn die Rhythmen von Puls und Atem zeigen große Elastizität: Das Kind atmet schneller als der Greis; körperliche Anstrengung beschleunigt den Puls; seelische Vorgänge beeinflussen den Rhythmus ebenfalls unwillkürlich, wenn man «den Atem anhält» oder wenn «das Herz still steht» vor Erstaunen, Spannung, Furcht oder Schrecken. Nach jeder Einseitigkeit strebt der Rhythmus wieder den harmonischen Ausgleich an. Die Gesundheit ist am besten, wenn die Spannweite der Polaritäten sehr weit ausgedehnt werden kann und danach das harmonische Mittelmaß schnell wieder erreicht wird.

Diese wunderbare Labilität unterscheidet rhythmische Bewegungen grundlegend vom mechanischen Takt. Der Pulsschlag des Menschen und das Ticken einer Uhr sind nicht ähnliche, sondern ganz und gar gegensätzliche Vorgänge. Sie dokumentieren den Gegensatz: lebenerfüllt – leblos. Ebenso gegensätzlich ist die Sonnenuhr zur mechanischen Uhr. Die Sonnenuhr stimmt, an der mechanischen Uhr gemessen, niemals genau, denn die Erdbewegung ist ebenso ein rhythmisches Geschehen wie das Atmen. Doch könnte man sich die rhythmischen Lebensvorgänge nicht so klar zum Bewußtsein bringen, wenn es die mechanische Uhr nicht gäbe. Man könnte die Pulsschläge pro Minute nicht zählen.

Gleich dem Menschen haben auch die Tiere ihren – arteigen verschiedenen – Herzschlag- und Atemrhythmus. Was aber den Menschen von allen anderen atmenden Wesen unterscheidet: Er kann den Atem *willentlich* anhalten oder beschleunigen. Das ist eine bedeutsame Voraussetzung dafür, daß er sprechen kann. Das Atmen des schweigenden Menschen, ob er nun schläft und ruhig atmet oder läuft und außer Atem kommt, entspricht im allgemeinen den Lebensvorgängen in seinem Körper. Zum Sprechen wird ihm ein Freiraum gewährt, in dem sein Atem neuen Gesetzen folgen darf. Er kann kurz und kräftig einatmen und den Atem so lange nach außen strömen lassen, wie er braucht, um einen langen Satz zu sagen oder eine Melodie zu singen. Im Sprechen dient der Atemstrom der rhythmuserzeugenden Kraft, die dem geistig-seelischen Wesen des Menschen entspringt. Jeder Satz, den wir aussprechen, hat nicht nur einen gedanklichen Inhalt, sondern ist auch ein rhythmisches Gebilde, in dem Stimmung, Temperament und Charakter der Persönlichkeit ihren Ausdruck finden können. Wenn dem Sanguiniker jemand im Wege steht, wird er schnell und fließend sagen: «Würdest du so liebenswürdig sein und ein wenig zur Seite gehen, damit ich durchkommen kann?», während der Choleriker ein forderndes «Geh weg!» ausruft und der Melancholiker mit einem seufzenden «Wenn er nur beiseite ginge» am wenigsten ausrichtet. Und einen, der gar nicht verraten will, was in seinem Inneren vorgeht, nennt man – einsilbig. Das ist ein vortrefflicher Ausdruck, denn es ist der vielseitige Wechsel von betonten und unbetonten, langen und kurzen Silben, der den sprachlichen Rhythmus entstehen läßt.

Eine weitere, höhere Stufe rhythmuserzeugender Kraft der Menschenseele erreicht der Dichter. Er fühlt, daß poetisch differenzierte Rhythmen in einem bestimmten Verhältnis zum naturgegebenen Atemrhythmus stehen, durch den der Mensch während seines Erdenlebens in die Gesamtrhythmen von Erde und Kosmos eingegliedert ist. Und er fühlt auch, daß die Nähe oder Ferne einer poetischen Form zu dem urbildlichen Atemrhythmus etwas darüber aussagen kann, wie weit sich die Seele des Menschen aus dem natürlichen Zusammenhang mit der Schöpfung oder auch aus der Abhängigkeit von ihr gelöst hat und eigenständig geworden ist. So sind literarhistorische Betrachtungen zugleich Erkenntnisse von der Bewußtseinsentwicklung des Menschen.

Der so harmonisch dahinfließende Rhythmus des Hexameter zeigt deutlich die Nähe zum naturgegebenen Atemrhythmus: Drei daktylische Versfüße in der Ausatmung und die Zäsur zum Einatmen ergeben das Verhältnis 1 : 4, wie es im Atem- und Pulsschlagrhythmus gegeben ist. Die Menschen der griechischen Frühzeit, in welcher der Hexameter entstanden ist, fühlten ihr Schicksal und Leben noch eng mit der Region der Schöpfermächte, mit den olympischen Göttern verbunden. Einige Zeilen aus der Ilias des Homer, in der die Belagerung Trojas durch die Griechen geschildert wird, mögen dies zeigen. Der griechische Held Patroklos stürzt sich mutig in das Kampfgeschehen, doch der Gott Phöbos Apollon, der den Trojanern wohlgesinnt ist, beeinflußt sein Handeln:[87]

Jetzt hätte Argos' Volk die türmende Troja erobert
Unter des Patroklos' Hand, so tobt' er voran mit der Lanze,
Wenn nicht Phöbos Apollon auf festgegründetem Turme
Dastand, ihm Verderben ersann und die Troer beschirmte.
Dreimal stieg zur Ecke der hohen Mauer Patroklos
Kühn hinan, und dreimal verdrängte mit Macht ihn Apollon,

Gegen den leuchtenden Schild mit unsterblichen Händen ihn
                                                        stoßend.
Als er das viertemal drauf anstürmete, stark wie ein Dämon,
Rief mit schrecklichem Drohn der treffende Phöbos Apollon:
Weiche, Patroklos, zurücke! Denn dir ist es nicht gewähret,
Daß dein Speer verwüste die Stadt hochherziger Troer,
Nicht dem Achilles einmal, der weit an Kraft dir vorangeht!
Jener sprach's, da entwich mit eilendem Schritte Patroklos,
Scheuend den furchtbaren Zorn des treffenden Phöbos Apollon.

Der Eurythmisierende wird, wenn er die Verse Homers als Bewegung
sichtbar machen will, nicht die einzelnen metrischen Längen und
Kürzen als Schritte ausführen, aber er wird sich dem Charakteristischen des Hexameters, dem harmonisch geordneten Dahinfließen
auch nicht entziehen. Denn gerade durch dieses kann in Erscheinung
treten, wie die Menschen der homerischen Zeit sich noch in Verbindung mit den Göttern fühlten. So wird der Eurythmist dem Ganzen
eine harmonisch fließende Gangart zugrundelegen. Aber er wird da,
wo im Vers zwei kurze (bzw. unbetonte) Silben des Daktylus in eine
lange (bzw. leicht betonte) Silbe umgewandelt sind, den Schritt ver-
langsamen und mühsamer aufsetzen.

Das ist im vorliegenden Text gerade die Stelle, wo das hemmende
Eingreifen des Apollon beginnt. Es wird dieses also nicht nur durch den
Sinn der Worte mitgeteilt, sondern durch den gehemmten Rhythmus
zum Erlebnis gebracht. Es sind z. B. die drei Zeilenanfänge:

Dastand ihm Verderben / ersann ...

— — — — — v / v —
   (vv)   (vv)

Dreimal stieg zur Erde

— — — — —v
   (vv)   (vv)

Kühn hinan und dreimal

— — — — — v
   (vv)   (vv)

Bei manchen Dichtern des 20. Jahrhunderts konnte die Konfrontation mit den Schrecken der beiden Weltkriege dazu führen, daß der rhythmische Fluß ihrer Sprache fast versiegte – zu viel Unaussprechbares mußte zwischen den Worten, zwischen den Zeilen bleiben. Etwas von dieser Situation soll in den folgenden beiden Gedichten vorgestellt werden:[88]

Patrouille

Die Steine feinden
Fenster grinst Verrat
Äste würgen
Berge Sträucher blättern raschlig
Gellen
Tod.   August Stramm (1874 – 1915)

1944   1945
krieg   krieg
krieg   krieg
krieg   krieg
krieg   krieg
krieg   mai
krieg
krieg
krieg
krieg
krieg
krieg
krieg
(markierung einer wende)   Ernst Jandl (geb. 1925)

Das Gedicht «Patrouille» könnte ein Eurythmist so gestalten, daß er vor Beginn des Gedichtes und in den Pausen zwischen den Zeilen gleichmäßig patroullierend weiterschreitet und jedesmal bei Beginn einer neuen Zeile mit zurückweichenden Schritten den Rhythmus der Worte aufnimmt, die in der ungleichen Kürze der Zeilen und durch die vielen Stoßlaute abrupt und unerbittlich wirken. Oder er könnte in den Pausen schnelle Schritte des Entfliehenwollens ausführen, die dann abrupt unterbrochen werden durch den Text. Nach dem letzten Wort müßte eine völlig neue Dimension der Bewegung als Ausdruck seelischen Erlebens gesucht werden.

In dem Gedicht von Ernst Jandl ist dem Leser größter Freiraum für individuelle Vorstellungen, Gefühle, Erinnerungen gegeben. Der Eurythmist könnte zwar die ausweglose eintönige Wiederholung darstellen, aber er könnte auch für jedes Wort «Krieg» eine andere Seelenstimmung durch verschiedene Rhythmen zum Ausdruck bringen: einmal den Zorn durch fünf schnelle stampfende Schritte, dann den Mut durch einen kräftigen Jambus, dann einen langen, schweren Schritt mit der Geste tiefer Trauer usw.

Der Eurythmist soll die unzähligen rhythmischen Formen, die innerhalb der Spannweite dieser weit voneinander entfernten Situationen des Bewußtseins und des Erlebens liegen, durch seine bewegte Körpergestalt sichtbar machen.

Er schult seine Beweglichkeit zuerst an den alten metrischen Grundformen, die am Ursprung der europäischen Kultur entstanden sind. Wie jambische, anapästische, trochäische und daktylische Versmaße aus den Tanzrhythmen der griechischen Mysterienstätten in poetische Rhythmen der Dichtkunst übergegangen sind, wurde im ersten Kapitel dieses Buches berichtet. In der altgriechischen Sprache wurden diese Metren durch den Wechsel von *langen* und *kurzen* Silben gebildet. Als sie mit dem germanisch-nordischen Sprachstrom, in dem die starke *Akzentuierung* große Bedeutung hatte, in Verbindung kamen, bewirkte dies, daß sie heute im Deutschen durch das vielfältige Wechselspiel von *betonten* Silben, die lang oder kurz sein können, und *unbetonten* Silben, die kurz oder gelegentlich auch lang sein können, entstehen.

Im Stadium der Vorübung – und nur während diesem – führt der Eurythmisierende für jede Silbe einen Schritt aus: Kleine, behende, präzise, leichte, zarte oder auch staccato-artige Schrittchen machen unbetonte Silben sichtbar, während betonte Silben durch zielstrebige, weite, kräftige oder gar gewichtige Schritte zum Ausdruck kommen können. (Wenn mehr die Polarität von kurzen und langen Silben zur Geltung gebracht werden soll, macht er deutlich kurze und lange Schritte.) Die behenden, leichten Schritte der unbetonten Silben rufen im Übenden die Empfindung des Flüchtigen, Augenblicklichen hervor, das er mit erhöhter innerer Wachsamkeit schnell gestalten muß, bevor es vorüber ist. An den Bewegungen, die den betonten Silben entsprechen, empfindet er mehr das mit dem Äußeren Verbundene Eindringliche, das Nachhaltige, das Dauerhafte, das Bleibende. Er wird als Übender darauf aufmerksam, daß sich in der Sprache ein immerwährendes bewegliches Zusammenspiel zwischen Flüchtigem und Beständigem, zwischen Augenblicklichem und Dauerndem ereignet. Er schult so die rhythmuserzeugende Kraft der Seele und auch die körperliche Beweglichkeit und Durchlässigkeit.

Das Wesentliche für die eurythmische Gestaltung eines poetischen Werkes ist jedoch, daß der Eurythmist seine volle Aufmerksamkeit dem zuwendet, was sich *zwischen* den Silben ereignet!

Rudolf Steiner erläutert während einer Kursstunde den Eurythmisten das jambische Element mit folgenden Worten:[89]

«Man muß nun fühlen, was es eigentlich bedeutet, wenn ich eine unbetonte Silbe vorangehen lasse, eine betonte Silbe folgen lasse und in diesem Rhythmus mich weiter vorwärtsbewege: Auf Bergen flammen Feuer. – Wir haben eine unbetonte Silbe, eine betonte Silbe, eine unbetonte Silbe, eine betonte Silbe, eine unbetonte Silbe (die letzte Silbe fällt aus). Wir gehen von etwas Stillerem… über zu etwas Stärkerem; von Schwächerem zu Stärkerem gehen wir über. Das gibt dem Schreiten den besonderen Charakter des Hinkommens zu irgend etwas, des Erreichenwollens von irgend etwas. Und wir werden fühlen, wenn wir so schreiten, daß wir diesen Rhythmus anschlagen…, wir haben es da mit dem inneren Elemente des Wollens zu tun. Einen Willenscharakter gibt das jambische Wesen der Sprache.»

Das trochäische Element charakterisiert Rudolf Steiner folgendermaßen:[89]

«Nehmen wir das Umgekehrte. Wir gehen aus von Betontem, gehen zu Unbetontem: Trag mir Wasser herab. – Sie haben gerade das Umgekehrte, das Ausgehen von etwas Starkem, Wichtigzunehmendem, das Übergehen zu Schwächerm, weniger Wichtigzunehmendem. Sie werden dann fühlen: wenn Sie in einem solchen Rhythmus sich weiterbewegen, gehen Sie gleich von etwas Bestimmtem aus. Und dieses Bestimmte kann nur in Ihnen sein, wenn Sie eine deutliche Vorstellung, einen deutlichen Gedanken haben. Sie erstreben nicht etwas, sondern Sie diktieren geradezu Ihren deutlichen Gedanken dabei. So daß man es hier zu tun hat mit Denken, das sich natürlich ausdrückt im Tun; aber es herrscht das Denken vor. Das Wollen, das Streben herrscht vor im jambischen Versmaß. Das Denken, das Vollbringen, das Verwirklichen des Denkens, das herrscht vor im trochäischen Versmaß.»

Das Wollen, das «Erreichenwollen von etwas» im Jambischen wird durch die eurythmische Bewegung überzeugend sichtbar, wenn der Ausführende auf seiner Wegform den Oberkörper von der unbetonten Silbe in die betonte hinein leise beschleunigt. Hält er ihn dagegen beim Trochäischen von der betonten zur unbetonten Silbe ein wenig zurück, so kommt das Bestimmte, das Gedankliche zum Ausdruck.

Die rhythmuserzeugende Kraft der Seele und die körperliche Beweglichkeit des Eurythmisierenden sind aufgerufen, alle Möglichkeiten rhythmischer Elastizität auszuschöpfen, wenn er ein einzelnes Gedicht in seiner poetischen Einmaligkeit sichtbar machen will. Denn die Einflüsse anderer sprachlicher Elemente differenzieren und bereichern die gleichartig dahinfließende metrische Grundform: Hervorzuhebende Satz- oder Zeilenbetonungen variieren sie, die Sprachmelodie eines Ausrufes oder Fragesatzes verändern sie, Pausen, die von Satzzeichen oder Sinngebung her eingefügt werden müssen, beleben die metrische Form. Auch die Aussagekraft der Vokale und Konsonanten und der Bildgehalt der Worte wird vom Rhythmus aufgenommen.

Die folgenden drei Gedichte, deren Überschriften Ähnlichkeiten vermuten lassen, deren Rhythmen jedoch ihre große Verschiedenheit hervorheben, mögen als Beispiel für das Gesagte dienen:[90]

Säerspruch

Bemeßt den Schritt! Bemeßt den Schwung!
Die Erde bleibt noch lange jung!
Dort fällt ein Korn, das stirbt und ruht.
Die Ruh ist süß. Es hat es gut.
Hier eins, das durch die Scholle bricht.
Es hat es gut. Süß ist das Licht.
Und keines fällt aus dieser Welt
Und jedes fällt, wie's Gott gefällt.   C. F. Meyer (1825 – 1898)

Die knappen prägnanten Ausrufungssätze des Gedichtanfanges sind so markant, daß der Eurythmist den jambischen Rhythmus der ersten Zeile sogar durch streng metrisch ausgeführte, sichere und kraftvolle Schritte hervorheben kann. Die vollkommene Beherrschung der Willenskraft wird sichtbar. Wenn dann im weiteren Verlauf des Gedichtes die Sätze allmählich länger und fließender werden, obwohl das jambische Versmaß klar und sehr genau weitergeht, wird der Eurythmisierende diesen steigenden Rhythmus in den Bewegungen des Körpers und der Arme im ganzen Gedicht anwesend sein lassen, während die Füße in freierer Schrittgestalt schreiten. Da kann die freudige Zuversicht zur Geltung kommen, die in der letzten Zeile den Höhepunkt erreicht.

So macht der Eurythmist aus den Gesetzen der poetisch-rhythmischen Bewegung heraus – nicht aus seiner Vorstellung – sichtbar, was den Sämann im Inneren bewegt. Im Zeitalter der Sämaschine ist der Sämann aus der Landschaft verschwunden. Noch vor 60 Jahren konnte man dem Bauern zuschauen, wie er vor der Arbeit betete, wie er den Kornsack umhängte, wie er mit gemessenem Schritt in ruhiger Stetigkeit über den Acker ging und den Weizen aussäte. (Hätte er die Schritte zu groß bemessen und die Schwünge zu klein, so wären im Sommer leere Streifen zwischen den Weizenpflanzen gewesen, hätte er die Schritte zu klein und die Schwünge zu groß gemacht, so wären Streifen mit doppelt dicht stehendem Weizen zu sehen gewesen.) Die rhythmuserzeugende Kraft, die der Sämann in die Arbeit einfließen ließ, will auch heute noch betätigt werden. Das kann auf dem Felde der Künste, zum Beispiel der Dichtung, der Eurythmie geschehen.

Aus dem folgenden Gedicht von Christian Morgenstern, das im fallenden trochäischen Versmaß geschrieben wurde, ersteht das Bild eines ganz anderen Sämannes:[91]

Der Sämann

Durch die Lande auf und ab
schreitet weit Bauer Tod;
aus dem Sack um seine Schulter
wirft er Keime ohne Zahl.

Wo du gehst, wo du stehst,
liegt und fliegt der feine Staub.
Durch die unsichtbare Wolke
Wandre mutig, doch bereit!

Durch die Lande auf und ab
schreitet weit Bauer Tod;
aus dem Sack um seine Schulter
wirft er Keime ohne Zahl.

Das trochäische Versmaß ist hier nicht so kontinuierlich durchgeführt wie das jambische im Säerspruch. Es fehlt ein Drittel der unbetonten Silben. Trotzdem gibt das Trochäische dem Gedicht den Charakter, und der Eurythmist wird es in die Bewegungen des Oberkörpers und in die Gesten der Laute durchgehend einfließen lassen. Ein besonderer Akzent und Höhepunkt liegt in der zweiten Zeile: Zwei unbetonte Silben fallen weg, die vier betonten Silben sind alle auch Längen und dadurch noch gewichtiger und eindringlicher; die unerwartete Pause, die nach «weit» entsteht, ist spannungsgeladen und bereitet das überraschende «Bauer Tod» vor. Der Eurythmist könnte das Hingehen vom Anfang bis zu diesem Höhepunkt durch gleichmäßige, unbeirrbare weite Schritte, die unabhängig vom trochäischen Rhythmus sind, zwischen links und rechts über die Bühne ziehend, ausführen. In der Pause nach «weit» könnte er abrupt stehen bleiben und nun die Worte «Bauer Tod» durch zwei strenge metrische Schritte auf die betonten Silben nach rückwärts geführt, hervorheben. Mit der dritten Zeile würde er die vorigen weiten seitlichen Schritte wieder aufnehmen. Wenn der Eurythmist den poetischen Rhythmus in allen Einzelheiten aufnimmt, ihn in seiner Seele aufs neue erzeugt und in die künstlerische Gestaltung einfließen läßt, dann wird er das unerbittlich Vorbestimmte, die stete Gegenwärtigkeit des Todes dem Zuschauer durch die eurythmische Bewegung nahe bringen können.

Wenn Goethe und Schiller Gespräche über Erkenntnis- und Lebensfragen geführt hatten, gaben sie den gewonnenen Einsichten oftmals das poetische Gewand des antiken Distichons und teilten sie so den Zeitgenossen als «Xenien» oder als «Votivtafeln» mit. Eine der letzteren trägt die Überschrift[92]

Der Sämann

Siehe, voll Hoffnung vertraust du der Erde den goldenen Samen
Und erwartest im Lenz fröhlich die keimende Saat.
Nur in die Furche der Zeit bedenkst du dich Taten zu streuen,
Die, von der Weisheit gesät, still für die Ewigkeit blühn?

Es ist das Versmaß des Daktylus: x́ xx, betont, unbetont, unbetont.

Vom daktylischen Rhythmus sagte Rudolf Steiner in einer Unterrichtsstunde:[93]

«Wenn man nun das Trochäische weiter konfiguriert, so entsteht das daktylische Versmaß. ...Versuchen Sie einmal, das daktylisch abzuschreiten, um zu zeigen, wie das mehr ein Diktieren, ein Sagen, ein Behaupten ist. Sie dürfen aber mit ihrem Körper, wenn Sie den Charakter rein herauskriegen wollen, nicht nachlaufen, sondern müssen gerade ein wenig zurückbleiben.»

Die beiden gleichnisartig gegenübergestellten Gedanken könnten durch zwei Eurythmisten ausgeführt werden.

Das Bild des Sämannes wird bei Goethe und Schiller zu einem Gleichnis, um ihre Aussage, ihre Behauptung einleuchtender, verständlicher zu machen. So gehört hier der Rhythmus weniger zum Sämann selbst als bei den beiden anderen Gedichten, er gehört mehr zum Anliegen der Dichter, ihre Erkenntnis den Zeitgenossen eindringlich mitzuteilen.

Wenn der Eurythmist die beschriebenen Übungen in selbstverständliches Können verwandelt hat, mag alles verschwinden, was hier in diesem Kapitel an gedanklichen Überlegungen ausgeführt wurde. Was idealerweise erreicht werden soll, ist das Gefühl und Erlebnis, daß der Stoff, der Inhalt eines Gedichtes sich völlig in rhythmisch-eurythmische Bewegung verwandelt hat, daß der Inhalt als Rhythmus erscheint, daß der jambische Rhythmus das Bild des Bauern erstehen läßt, daß der trochäische Rhythmus das so andere Bild des weit über die Lande ziehenden unerbittlichen Sämanns Tod gegenwärtig macht und daß der Rhythmus des Daktylus die Aufforderung enthält, das Resultat einer Erkenntnis zu empfangen.

Außerdem können der Eurythmisierende und der Zuschauer die Erfahrung machen, daß rhythmisches Geschehen nicht allein in den Naturreichen unaufhörlich belebend, formend und auflösend wirkt, sondern daß die künstlerische Betätigung der rhythmuserzeugenden Kraft auch die Seele selbst belebt, formt, bildet, vor Verfestigung und Verflüchtigung schützt und ihr Willensstärke verleiht.

VI.

Das Satzgefüge und der Sinn
des poetischen Werkes
werden eurythmische Bewegung

Der Gedankenzusammenhang, der Sinn einer Rede oder einer Dichtung wird dem Zuhörer zugänglich durch das Satzgefüge mit seinen mannigfaltigen grammatikalischen Formen. Die Ganzheit eines Satzgebildes ist im Geiste des Redenden schon anwesend, *bevor* er es ausspricht, auch wenn ihm diese Tatsache vielleicht gar nicht zum Bewußtsein kommt. Wie aber könnte er sonst lange und komplizierte Sätze in jedem Augenblick mühelos so formulieren, daß alle grammatikalischen Gesetze stimmen? Und wie könnte der Zuhörer den Zusammenhang ebenso mühelos verstehen, wenn er ihn nicht schon *während* des Sprechens aufnähme?

Wir sprechen jedoch auch von einem «tieferen Sinn», der im dichterischen Werk nicht allein in den Worten und Sätzen, sondern zwischen den Worten, zwischen den Zeilen liegen kann, der uns vielleicht nicht immer sofort «aufgeht», den wir aber als eine übergeordnete Kraft fühlen, die in alle Einzelheiten der poetischen Elemente hineinwirkt. Ihn zu ergründen, ist eine Aufgabe, welcher der Eurythmist seine besondere Aufmerksamkeit schenkt. Dennoch wird sich sein Interesse auch jedem einzelnen Wort und jedem Satz zuwenden.

Jedes *Wort* hat seinen eigenen Sinn, seine besondere Bedeutung. Wenn wir es einzeln hören oder lesen, steigt ein Bild, eine Vorstellung, ein Begriff oder ein Gefühl in unserer Seele auf. Der Eurythmist sucht ein solches Bild, das in der Seele hervorgerufen wird, in die Gestaltung der eurythmischen Gebärde einfließen zu lassen. Er könnte – und das sind jetzt ganz einfache und vordergründige Beispiele – das Wort «Ameise» mit seinen beiden beweglichen Zeigefingern als winzig kleine, flinke Lautgebärden eurythmisieren, während er für das Wort «Weltall» große umfassende L-Bewegungen wählen würde, durch die das Hinausfühlen der Seele in die Unermeßlichkeit zum Ausdruck käme. Damit die charakteristische Eigenheit jedes Wortes sichtbar werde, wird sein künstlerischer Griff Bild und Sinn mit Lautgebärden und rhythmischer Bewegungsform zur *Wortgebärde* vereinigen.

Doch ist das einzelne Wort ein isoliertes Gebilde. Es gewinnt sogleich an Lebendigkeit, Fülle und Weite, wenn es in den größeren Zusammenhang des Satzes eingegliedert wird.

Will der Eurythmist die Bewegungen seiner Arme und Hände, durch die er die Wortgebärden sichtbar macht, in den Satzzusammenhang einbringen, so muß er sie mit den Wegbewegungen, die er in den Raum hinein ausführt, und mit der Art, wie er den Raum durchschreitet, verbinden. Der *Satzverlauf* wird zum *Weg im Raume*. Viele Nuancen des Satzgefüges, die auch der Rezitator in das künstlerische Sprechen einbezieht, können durch die Art eurythmischen Schreitens und durch die Wegformen in Erscheinung treten. Der Eurythmist wird zum Beispiel für die Hauptsätze eine kräftige, zielstrebige Schrittführung wählen, die Nebensätze dagegen zurückhaltender, beiläufiger gehen; er wird auf die verschiedenartigen Spannungen achten, die zwischen Satzbau und rhythmischer Versform dadurch entstehen, daß einmal der Satz über das Zeilenende hinweg weiterläuft, ein anderes Mal mit ihm abschließt.

Der wesentliche Hintergrund, das alles überstrahlende Ursprungsgeschehen, aus dem die mannigfaltigen Formen der Dichtkunst hervortreten, liegt jedoch in zwei gegensätzlichen seelischen Tätigkeiten, welche die Menschenseele in stetem Wechselspiel erfüllen. Der Eurythmist muß sie in ihrer Unterschiedlichkeit klar erkennen, bevor er die eurythmische Gestaltung einer Dichtung vorbereitet, denn sie beeinflussen sein Verhältnis und sein Verhalten zu den Raumesrichtungen. Es kommt darauf an, ob die Menschenseele aus dem gewordenen Umkreis Eindrücke empfängt und diese aufnimmt und verarbeitet oder ob sie aus ihrem eigenen Inneren schöpferisch in den Umkreis hinauswirkt, ob etwas an die Seele herankommt oder ob etwas von ihr ausgeht. Rudolf Steiner lenkte in seinen Ausführungen über das Wesen des Menschen die Aufmerksamkeit seiner Zuhörer immer wieder aufs neue und in verschiedenster Weise auf diese beiden Polaritäten hin. Seit er sie den ersten Eurythmieschülern auch mit den an der griechischen Mythologie entwickelten Begriffen des Dionysischen und des Apollinischen erläutert hat, werden die beiden unterschiedlichen eurythmischen Gestaltungsarten, die daraus hervorgehen, im Sprachgebrauch der Eurythmisten *dionysische* und *apollinische* Formen genannt. Steiner blickte dabei auf die griechische Antike als diejenige Epoche in der Menschheitsentwicklung, in welcher der Mensch begann, diese Gegensätze als innerseelische zu erleben, in der er aber auch noch eine Empfindung dafür hatte, daß solche inneren Triebe in Verbindung zu den Göttern Apollon und Dionysos stehen, die als übersinnliche Wesen in einer höheren Welt beheimatet sind.

Rudolf Steiner erwähnte in diesem Zusammenhang auch, daß der Philosoph und Dichter Friedrich Nietzsche Betrachtungen über diese beiden Seelenkräfte niedergeschrieben hat. Es können hier nur wenige kurze Zitate aus Nietzsches Buch «Die Geburt der Tragödie aus dem Geiste der Musik» etwas davon andeuten:[94]

«Wir werden viel für die ästhetische Wissenschaft gewonnen haben, wenn wir nicht nur zur logischen Einsicht, sondern zur unmittelbaren Sicherheit der Anschauung gekommen sind, daß die Fortentwikkelung der Kunst an die Duplizität des *Apollinischen* und des *Dionysischen* gebunden ist: in ähnlicher Weise, wie die Generation von der Zweiheit der Geschlechter, bei fortwährendem Kampfe und nur periodisch eintretender Versöhnung abhängt.»

«... Um uns jene beiden Triebe näher zu bringen, denken wir sie uns zunächst als die getrennten Kunstwelten des *Traumes* und des *Rausches*, zwischen welchen physiologischen Erscheinungen ein entsprechender Gegensatz wie zwischen dem Apollinischen und dem Dionysischen zu bemerken ist.»

Aus den extremen Einseitigkeiten der beiden Seelenzustände – des Traumes, in dem der Mensch überdeutlich ein Geschehen in Bildern erlebt, ohne auch nur im Geringsten eingreifen zu können, und des Rausches, in dem der Mensch nicht in der Lage ist, eruptiv aufsteigende Willenskräfte denkend zu ordnen – kann kein Kunstwerk entstehen. Erst wenn dionysisches Feuer durch apollinisch ordnende Kraft gebändigt und geformt wird, wenn apollinisch strenge Gesetzmäßigkeit durch dionysisches Feuer belebt wird, ist künstlerisches Schaffen möglich. Es ist jedoch wesentlich, von welcher der beiden Seelentätigkeiten das Geschehen *ausgeht*.

Nietzsche:[95]

«Der schöne Schein der Traumwelten, in deren Erzeugung jeder Mensch voller Künstler ist, ist die Voraussetzung aller bildenden Kunst, ja auch, wie wir sehen werden, einer wichtigen Hälfte der Poesie.»

«Der Plastiker und zugleich der ihm verwandte Epiker ist in das reine Anschauen der Bilder versunken. Der dionysische Musiker ist ohne jedes Bild völlig nur selbst Urschmerz und Urwiederklang desselben.»[96]

Wenn Rudolf Steiner die altgriechische Anschauung zur Erläuterung heranzog und Nietzsches Ideen erwähnte, so wollte er wohl einerseits die jungen Eurythmistinnen dazu anregen, sich auch denkend mit den Fragen zu beschäftigen, andererseits ihr Interesse erwecken, mit offenem Sinn wahrzunehmen, was in verschiedenen Zeiten bis zur Gegenwart auf dem Gebiet der Ästhetik geschah und erreicht worden ist.

Die umfassende und lebendige Kunde davon, wie Apollinisches und Dionysisches die Dichtkunst und die Eurythmie durchleuchten und gestaltend durchdringen, empfängt der Eurythmist jedoch aus den «Apollinischen und Dionysischen Formen», die Rudolf Steiner entwickelte. Dem kontinuierlich Übenden offenbart sich daraus der seelische Hintergrund immer deutlicher und eröffnet ihm die Möglichkeit, nicht allein den Gedankenzusammenhang in der Bewegung sichtbar zu machen, sondern auch der Spur zu folgen, die zum tieferen Sinn eines poetischen Werkes hinführt.

Der Charakter des Apollinischen zeigt sich besonders deutlich in dem Chor der Erzengel, der Goethes «Faust»-Tragödie eröffnet:[97]

Raphael:
Die Sonne tönt nach alter Weise
In Brudersphären Wettgesang,
Und ihre vorgeschriebne Reise
Vollendet sie mit Donnergang.

Der Zuhörer erlebt sich sogleich – auch durch die Ausgewogenheit zwischen Form und Inhalt – inmitten der gewaltigen, geordneten Schöpfung der Welt, er fühlt sich eingegliedert in die harmonische Bewegung des Sonnenlaufes, die ihn immerwährend umgibt. Der Eurythmist hat hier das Bestreben, sich in der Art zu bewegen, daß der umgebende Raum die Formen seiner Wege mitbestimmt. Die «Apollinischen Formen» erfüllen dieses Anliegen. Sie berücksichtigen die Tatsache, daß sein Verhältnis zu dem Teil des Raumes, der hinter ihm liegt und den er nicht sieht, ein anderes ist als zu dem Teil, der vor ihm oder rechts oder links von ihm liegt.

Von den Anweisungen Steiners zu diesen Formen können hier nur einige andeutend skizziert werden. Zuerst soll der Eurythmist sich bewußt machen, wie er die Geschwindigkeit der Schritte so differenziert, daß der Charakter der einzelnen Wortarten – z. B. Adjektiv, Verbum, Substantiv – zum Ausdruck kommt. Eigenschaftswörter werden dadurch ausgedrückt, «… daß wir in dem Momente, wo es uns darauf ankommt, eine *Eigenschaft* eurythmisch zur Offenbarung zu bringen, daß wir in dem Momente die Bewegung anhalten und die Gebärde in ruhiger Lage machen, also die Gebärde *ruhend* machen.»[98]

«Dagegen wenn wir einen Seeleninhalt ausdrücken, der in der gewöhnlichen Sprache durch ein *Zeitwort*, durch ein Verbum zum Ausdrucke kommt, dann kommt es ganz besonders darauf an, daß wir dezidiert die Gebärde in der *Bewegung* machen.»

Für die Hauptwörter, die Substantive, ist die angemessene mittlere Geschwindigkeit zu finden. Weitere Anweisungen Rudolf Steiners für die Zeitwörter lauten:[99]

«Nun kann man dasjenige, was durch das Zeitwort, durch das Verbum sich ausdrückt, so unterscheiden, daß man sagt: Es kommt irgend etwas zum Ausdrucke dadurch, daß man Passives oder Aktives ausdrückt oder eine dauernde Tätigkeit ausdrückt. Augenblickliches Tätigsein, augenblickliches Leiden, oder dauerndes Tätigsein, dauerndes Leiden, das ist dasjenige, wonach wir die eurythmischen Gebärden unterscheiden können. …. alles innere Verhalten, das auf einem Leiden beruht, das, wie gesagt, durch ein passives Verhalten zum Ausdrucke kommt, drücken wir dadurch aus, daß wir die Gebärde im Vorwärtsgehen machen. Alle Aktivität drücken wir dadurch aus, daß wir die Gebärde im Zurücktreten machen; alles dasjenige, was dauernde Tätigkeit ist oder dauerndes Leiden ist, drücken wir dadurch aus, daß wir die Gebärde im Gehen so oder so (nach rechts oder links) einfach vorbeiwandelnd machen.»

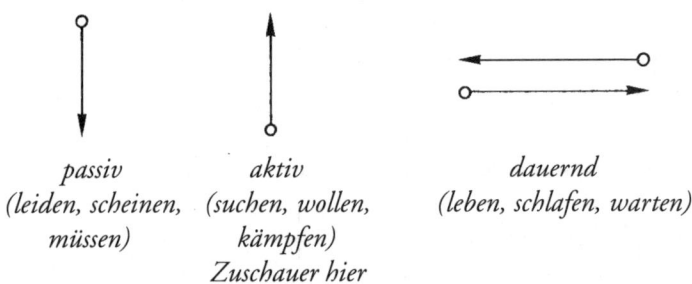

| *passiv*
(leiden, scheinen,
müssen) | *aktiv*
(suchen, wollen,
kämpfen)
Zuschauer hier | *dauernd*
(leben, schlafen, warten) |

Einige Anweisungen Rudolf Steiners für die Hauptwörter:[100]
«Gegenstände, die einen sinnlichen Eindruck machen, werden bezeichnet durch Worte, die ausgedrückt werden in Winkelbewegungen nach rückwärts:

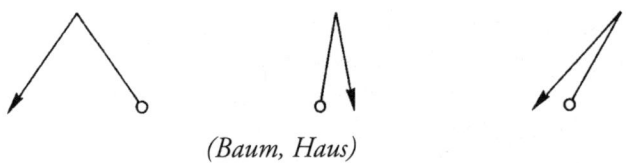

(Baum, Haus)

Dagegen dasjenige, was man im gewöhnlichen Leben abstrakt nennt, also dasjenige, was nicht auf die Sinne einen Eindruck macht, sondern in der Seele erlebt werden muß, wie Weisheit, Denkkraft, Genie, Phantasie und unzähliges andere, das wird ausgedrückt durch runde Bewegungen, die nach vorne gehen:

Dasjenige kann aber auch substantivisch sein, was Zustände festhält, sagen wir zum Beispiel die Weiße, die Schönheit, die Größe; Zustände, wie gegenständlich festgehalten. Das machen wir umgekehrt wie jene Gebärden, die sich auf sinnlich wahrnehmbare Gegenstände beziehen. Wir machen den Winkel nach vorn:

Nun würden wir noch dasjenige haben, was rein seelisch Festgehaltenes ausdrückt, in der Seele Festgehaltenes ausdrückt, da machen wir die Rundung komplizierter:

In der Seele Festgehaltenes: Wir bekommen auf der einen Seite die Möglichkeit, dasjenige, was Seelisches ist: Sehnsucht, Leid, Schmerz, Mitleid, Wohlwollen und dergleichen auszudrücken. So daß wir sagen müssen: Dasjenige, was wir mit dem Winkel, der nach vorn geht, ausdrücken, das sind Zustände, die an äußeren Gegenständen erscheinen. Alles dasjenige, was im Inneren der Seele gegenständlich festgehalten wird, das bezeichnen wir auf die letztere Art.»[101]

Für Geistiges, Göttliches, Übersinnliches, vor allem für übersinnliche Wesen gibt Rudolf Steiner die Anweisung, eine Rundung, einen Bogen nach hinten auszuführen.

(Gott, Wotan, Engel, Geist)

Der Eurythmist hat sich intensiv übend mit diesen Anweisungen vertraut zu machen, so daß seine künstlerische Kraft frei gestaltend mit ihnen umgehen kann. Er hat jedes Gedicht zuerst als Ganzes zu betrachten, als höhere Ganzheit im Sinne Goethes, die ihm dann auch bei der Betrachtung aller Einzelheiten gegenwärtig bleibt. Dann werden ihm so viele Metamorphosen, Variationen und Kombinationen dieser Grundformen einfallen, daß seine eurythmischen Ausarbeitungen den charakteristischen Besonderheiten jedes einzelnen poetischen Werkes entsprechen. Niemals darf auch nur die leiseste Nuance von Pedanterie in der Handhabung der Formen aufkommen.

Für die oben genannte Strophe soll die Anwendung «Apollinischer Formen» in einfacher Weise erläutert werden. Die «Faust»-Szene hat die Überschrift: «Prolog im Himmel. Der Herr. Die himmlischen Heerscharen. Nachher Mephistopheles. Die drei Erzengel treten vor.» (In der ungekürzten Gesamt-Aufführung von Goethes «Faust»-Tragödie auf der Bühne des Goetheanum in Dornach werden «Die himmlischen Heerscharen» und «Der Herr» eurythmisch dargestellt.)

Es ist das Bild eines rein übersinnlichen Geschehens. So beschreibt der Erzengel Raphael die «Sonne» und ihre «Brudersphären» nicht als sichtbare Lichter, sondern als übersinnliche Wesen, welche die «alte Weise», die Melodie der Sphärenharmonien immerwährend zum Ertönen bringen. Daher wird der Eurythmist, der die Worte des Raphael eurythmisieren soll, für «Sonne» und «Brudersphären» den Bogen nach hinten wählen und ihn so führen, daß er eine unendliche Weite hinter sich fühlt und diese mit einbezieht. Für die Zeitwörter «tönt nach alter Weise» und «vollendet sie mit Donnergang» wird er das seitliche Schreiten einfügen und damit die immerwährende Dauer des Sonnenlaufes zum Ausdruck bringen. Die seitlich geführten Schritte wird er beginnen, wie wenn die Bewegung aus der Unendlichkeit käme, und wird sie beenden, als ob sie wieder in die Unendlichkeit einmündete. (Die adverbialen Bestimmungen können in die Bewegung des Verbums integriert werden.) Die «vorgeschriebene Reise» wird als ein in der Seele Vorgestelltes durch einen Bogen nach vorne zum Ausdruck gebracht.

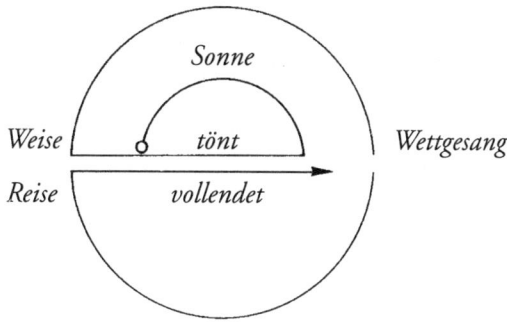

Andere Voraussetzungen für die Gestaltung des Wortes «Sonne» sind gegeben, wenn der Eurythmist in einem Märchen als Erzähler auftritt und die «Apollinischen Formen» anwendet. Hier beschreibt er die sinnlich wahrnehmbare Situation der Abendstimmung:[102]

«Die Sonne schien zwischen den Stämmen der Bäume hell ins dunkle Grün des Waldes …»

Da ist das Hauptwort «Sonne» ebenso konkret wie die «Stämme der Bäume», und auch «das Grün des Waldes» soll einen sichtbaren Zustand schildern. Das Zeitwort «scheint» wird der Eurythmist als ein passives, das jedoch eine gewisse Dauer andeutet, auffassen und das Vorwärtsgehen mit dem seitlich Vorbeiwandelnden zu einem schräg nach vorne verlaufenden Weg verbinden. Die Eigenschaften «hell» und «dunkel» wird er so zum Ausdruck bringen, daß er die Bewegung einen Augenblick zur Ruhe bringt.

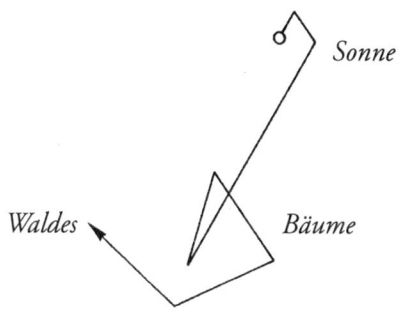

Beim Sprechen des Tischspruches von Christian Morgenstern wird deutlich, daß hier nicht die Beschreibung eines Sichtbaren oder eines Unsichtbaren gemeint sein kann, sondern daß die Dankbarkeit, die von der Seele der Kinder ausgeht – zur Erde hin, zur Sonne hin, zum Ausdruck kommen will.[103]

> Erde, die uns dies gebracht,
> Sonne, die es reif gemacht:
> Liebe Sonne, liebe Erde,
> Euer nie vergessen werde!

Dankbarkeit geht vom Innern der Persönlichkeit aus, sie ist eine Seelenkraft, die in die Umgebung hineinwirkt, sie ist eine dionysische Seelenkraft. Soll sie eurythmisch zum Ausdruck gebracht werden, so kann dies durch Formen geschehen, welche den persönlichen Fürwörtern entsprechen. Die Aktivität geht vom Ich des Menschen aus, tritt in Beziehung zum Du oder zum Er, und sie kann eine Aktivität des Denkens, des Fühlens und des Wollens sein. Hier sollen die Anweisungen Rudolf Steiners mitgeteilt werden, wie die persönlichen Fürwörter in eurythmischen Bewegungen zum Ausdruck kommen können:[104]

«Denn was liegt geistig in dem ‹Ich›? Die Zurückbeziehung auf sich selber, das Sich-Vorstellen, das die Vorstellung auf sich selber Zurückbeziehen. Und wenn Sie dieses Zurückbeziehen auf sich selber ausdrücken wollen, so können Sie es sehr gut ausdrücken, wenn Sie nicht in der Ruhe bleiben, sondern wenn sie in die Bewegung übergehen. Nehmen Sie also an, Sie machen zwei Schritte vorwärts, zwei Schritte wieder zurück, vorwärts, rückwärts, vorwärts, rückwärts. Da werden Sie die ganze Linie, die Sie durchlaufen haben wieder zurücklaufen, an Ihren Ausgangspunkt zurückkommen. Machen Sie es so, indem Sie bei dem I zwei Schritte vorwärts gehen, bei dem CH zwei Schritte zurück, dann kommen Sie schon in die Form hinein, und zwar in diejenige Form, die sich als Sinn in der Zusammenfügung der Laute ergibt.

Ich

Beim ‹Ich› ist es ja ganz klar, da kehrt man in sich selbst zurück. Beim ‹Du›, wenn man so recht ins ‹Du› hineingeht, wenn man den andern wirklich meint, so geht man aus sich heraus… Aber auf der andern Seite kann man auch nicht wiederum ganz aus sich herausgehen, denn wenn man ganz aus sich herausginge, dann würde man nicht ein ‹Du› vor sich haben, sondern ein ‹Er›. Sie müssen also doch in einer gewissen Weise immer leise auf sich zurückweisen. Das können Sie nur machen, wenn Sie die Bewegung beim ‹Du› so machen, daß Sie an einem einzigen Punkt, den Sie vorher in der Bewegung hatten, wiederum zurückkehren.

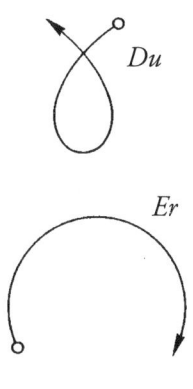

… Nun haben wir schon angedeutet, wie es ans ‹Er› herankommt (das Gefühl). Das kann dadurch geschehen, daß man beim ‹Er› die Linie hat, die der Kreis ist, wo man, bis man wieder zurückgekommen ist, gar nicht dasjenige berührt hat, was man im Hingange gewissermaßen als Punkte festgelegt hat, eine gar nicht in sich zurückkehrende Linie, die Kreislinie.»

Der Eurythmist könnte den Spruch von Christian Morgenstern so darstellen, daß Erde und Sonne mit den «Du»-Formen angesprochen werden. Er bestimmt selbst, in welche Richtung er gehen will, er ist bei den dionysischen Formen nicht abhängig vom Umkreis.

Erde, die uns dies gebracht, Du-Form 1
Sonne, die es reif gemacht: Du-Form 2
Liebe Sonne, Du-Form 3
liebe Erde, Du-Form 4
Euer nie vergessen werde! Ich-Form 5

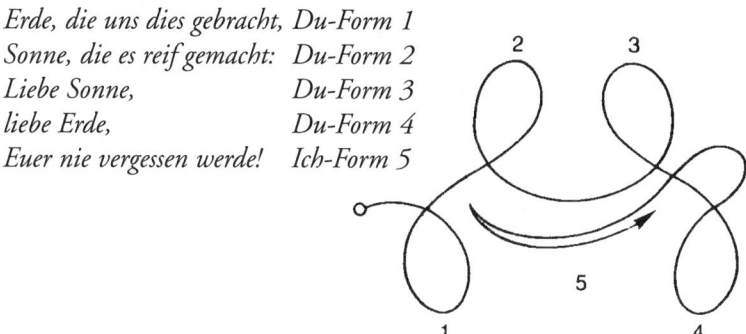

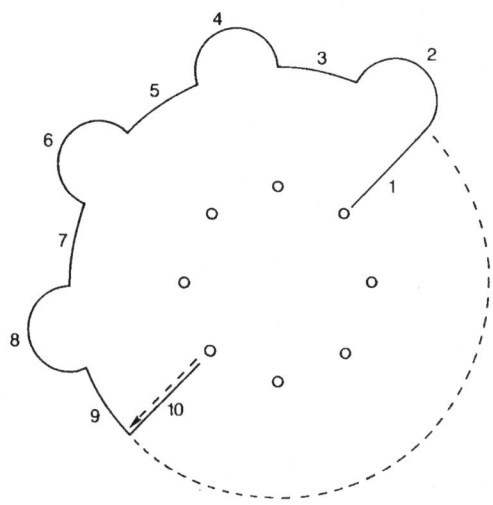

Am Schluß dieser Ausführungen soll das dionysische, das vom Innern der Seele ausgehende Streben der Persönlichkeit nach einer Verbindung zu den höheren Welten stehen, wie es Rudolf Steiner als Bild zu einem Spruch gestaltete, den er den Ausübenden der Eurythmie widmete:[105]

Der Wolkendurchleuchter,	*1*
Er durchleuchte,	*2 und 3*
Er durchsonne,	*4 und 5*
Er durchglühe,	*6 und 7*
Er durchwärme	*8 und 9*
Auch uns.	*10*

Dieser Spruch kann von mehreren Eurythmisten ausgeführt werden. Sie beginnen im Kreis stehend, zum Mittelpunkt des Kreises gewandt. Mit der ersten Zeile erweitern sie den Kreis. Bei dem Worte «Er» führen sie jedesmal die «Er»Form aus und bewegen sich beim folgenden Zeitwort auf der Kreislinie weiter. Bei «Auch uns» nähern sie sich dem Kreismittelpunkt und gehen wieder nach außen – viele gemeinsame «Ich»-Formen bilden da eine «Wir»-Form.

VII.
Musikalische Elemente
werden zu eurythmischen Bewegungen

Der Dichter kann in universeller Weise Erlebnisse aus der sinnlich wahrnehmbaren Welt vermitteln. Die Erhabenheit des gestirnten Himmels, die Wunder der Natur, Ereignisse aus der Vergangenheit, dramatische Geschehnisse, kleine Alltäglichkeiten, aber auch eine Fülle seelischer Regungen des Gefühls, der sinnigen Betrachtung, der Gedanken über Sichtbares und Unsichtbares bietet er in poetischer Form dar. Seine Dichterworte lassen uns die Welt in neuem Lichte erscheinen; sie erweitern und erhellen unsere Erfahrungen mit ihr.

Die musikalische Kunst in ihrer reinen Form hat keinen Inhalt, der mit der sinnlich wahrnehmbaren Welt oder den an diese anschließenden Gedanken in Beziehung stünde. Sie ist frei von Vorstellungen aus der materiellen Umgebung des Menschen. Die Musik spricht zum Innersten der Seele. Sie entsteht aus dem Zwiegespräch zwischen dem, was in der Menschenseele lebt, und dem geistigen Urquell der Musik – jenem Urquell, den der griechische Weise Pythagoras die Weltenharmonien nannte. Das menschlich irdische Denken reicht in diese hohe Sphäre nicht hinauf. Menschen, die ihre Beziehung zu den im Reich des Geistes beheimateten Quellen der Musik fühlen und sich mit dieser Beziehung bewußt vertraut machen, vermögen musikalische Werke zu komponieren, Musik zu physischer Hörbarkeit und zu eurythmischer Sichtbarkeit zu bringen. Der Zuhörer oder Zuschauer kann sie – als reine Instrumentalmusik – völlig losgelöst von jedem Gedanken- oder Vorstellungsinhalt erleben. Sie erweitert die geistig-seelischen Erfahrungen des Gefühls.

Die Toneurythmie wird von Instrumentalmusik begleitet, doch sie selbst ist sichtbares Singen. Denn wie beim Sänger der Kehlkopf mit der Stimme, so wird beim Toneurythmisten die Körpergestalt mit ihren Bewegungen zum Musikinstrument. Die überaus anspruchsvolle Aufgabe, die Rudolf Steiner den Eurythmisten für die Toneurythmie vergegenwärtigte, wird in folgenden Sätzen deutlich:[106]

«Ich könnte eine sonderbare Definition des Musikalischen geben. Es ist allerdings eine negative Definition des Musikalischen, aber sie ist die richtige: Was ist das Musikalische? Dasjenige, was man nicht hört! Dasjenige, was man hört, ist niemals musikalisch. Also wenn Sie das Erlebnis im Zeitverlauf nehmen zwischen zwei Tönen, die im Melos erklingen, dann hören Sie nichts, denn Sie hören die Töne erklingen; aber das, was Sie nicht hörend erleben zwischen den Tönen, das ist die Musik in Wirklichkeit, denn das ist das Geistige in der Sache, während das andere der sinnliche Ausdruck davon ist.

.... Die Musik wird nämlich umso beseelter, je mehr Sie das Nichthörbare in ihr zur Geltung bringen, je mehr Sie das Hörbare nur benutzen, um das Unhörbare zur Geltung zu bringen. Dies zu fühlen am Musikalischen ist geradezu die Aufgabe des Eurythmisten.»

Der Eurythmist begibt sich auf eine spannende Entdeckungsreise, wenn er diesen Anspruch zu erfüllen sucht. Jeder Ton, jedes musikalische Motiv, jedes Musikstück dient ihm zum Anlaß, sein Gefühl und seine Bewegungen dem Unhörbaren zu öffnen.

Die Anweisungen Steiners für die toneurythmischen Gebärden zeigen bis in Einzelheiten Wege, auf denen man sich dem angestrebten Ziele nähern kann. Er führte die toneurythmischen Bewegungen ein, nachdem die Lauteurythmie schon mehrere Jahre in ihrer Entwicklung vorangeschritten war. Nachdem auch die Angaben zu den Grundelementen der Toneurythmie und zu einzelnen Musikstücken der europäischen Musikliteratur schon in praktische Erfahrung übergegangen waren, erläuterte er den Eurythmisten die Beziehung des Musikalischen, wie es in der Seele des Menschen lebt, zu seiner Körpergestalt als seinem Instrument, aus dem die toneurythmische Bewegung hervorgehen soll:[107]

«Ich habe des öfteren betont, wie Eurythmie herausgeholt ist aus dem Wesen der menschlichen Organisation, aus den Bewegungsmöglichkeiten, die im menschlichen Organismus vorgebildet sind. Der menschliche Organismus enthält ja tatsächlich in sich veranlagt auf der einen Seite das Musikalische, auf der anderen Seite aber – für die

Toneurythmie sei das besonders gesagt – die in Bewegung umgesetzte Musik.» «Bei der Stimmbildung fragt man nach dem Ansatz. Können wir denn auch nach dem Ansatz fragen, wenn wir die ausdrucksvollsten Organe, die Arme und Hände benützen, um zu eurythmisieren?»

«Der Mensch hat ein eigentümliches Organ, das gewissermaßen den Ansatz anatomisch-physiologisch bildet zwischen der Brust und dem Arm: das Schlüsselbein. Es ist S-förmig. Das Schlüsselbein ist wirklich ein ganz wunderbarer Knochen. Es ist derjenige Knochen, der an seinem einen Ende in Verbindung steht auch mit der menschlichen Mitte und der ausläuft mit seinem anderen Ende, nachdem er ein S gebildet hat, nach der Peripherie, nach dem Dirigieren der Arme und Hände … Sehen Sie, im Schlüsselbein können Sie den Ansatz zum musikalischen Eurythmisieren fühlen, da liegt er. Und werden Sie sich bewußt, daß eine Kraft in Ihre Arme und Hände geht vom Schlüsselbein und seinen Ansatzmuskeln, dann werden Sie in Lebendigkeit toneurythmisieren.»

Die Toneurythmie wird in allen ihren Ausgestaltungen am schönsten und überzeugendsten in Erscheinung treten, wenn der Eurythmist diese Aussage beherzigt und sein Fühlen im Schlüsselbein, in der oberen Zone des Brustorganismus konzentriert, um es von dort aus in die Arme und Hände, in die Beine, in die ganze Gestalt und in den umgebenden Raum hinausströmen zu lassen. Für die Töne der Tonleiter gab Rudolf Steiner klare, einfache, geometrisch überschaubare Gesten an, aus denen die nachfolgende Gliederung hervorging. Die Arme ordnen sich strahlenförmig in den Umkreis ein.[108]

0°	36°	72°	90°	90°	54°	18°	0°	*Arme*
				30°	60°	30°		*Beine*
c	*d*	*e*	*f*	*g*	*a*	*h*	*c*	

Diese nüchternen Gradeinteilungen für Arme und Beine muten zuerst an wie eine Orientierungshilfe, ähnlich wie es für den Geiger das Griffbrett ist. Doch erwirbt sich der Eurythmist im Erüben einer solchen räumlichen Gliederung der Tonleiter, das ihm seinen Körper als Musikinstrument zum Bewußtsein bringt, ein neues Verhältnis zu seiner eigenen Gestalt, zu sich selbst, zu seinem ganzen Wesen. Wie die Reinheit der Intonation für jeden Musiker Grundbedingung des Musizierens ist, so ist es für den Toneurythmisten die Genauigkeit der Gebärde. Beide Künstler können diese Grundlage ihres Schaffens nicht durch äußere Anhaltspunkte gewinnen. Einzig und allein aus ihrem geschulten musikalischen Gefühl heraus werden die Finger jeden Ton, die Arme jede Tongebärde in jedem Augenblick genau treffen. Was für den Geiger zum Fingerspitzengefühl wird, wird für den Eurythmisten zum Schlüsselbein- und Armgefühl. Beide können es, weil die urbildliche Tonleiter in enger Beziehung steht zu der höheren Ganzheit des Menschenwesens.

Wie der Geiger durch unermüdliches, aufmerksames, verinnerlichtes Üben die Schönheit des Tones zu erreichen sucht, so strebt der Eurythmist unablässig danach, seine Gesten zu vervollkommnen: Er übt, die Gebärde eines einzelnen Tones aus der seelischen Vorbereitung, aus dem Vorgefühl, aus der Erwartung des kommenden Tones heraus im Schlüsselbein anzusetzen. Dann strömt das Gefühl vom Schlüsselbein hinaus in die Arme, die Gebärde ist voll gegenwärtig und entspricht für einen Augenblick dem physisch hörbaren Ton, bis sich das Gefühl dem Verklingen des Tones und dem Schwinden der Gebärde, der Erinnerung an den nun verklingenden Ton zuwendet. So wie der Musiker den nächsten Ton am genauesten und schönsten trifft, wenn er den vergangenen nicht vergißt, sondern die Beziehung zwischen beiden herstellt, so hat der Eurythmist die größte Sorgfalt darauf zu verwenden, den Weg seiner Armbewegung von einer Tongebärde zur nächsten – wie sie beseelt ist von der Erinnerung an den schwindenden und der Erwartung auf den herankommenden Ton – sich bewußt zu machen. Die Kräfte der Erinnerung und der Erwartung sind unhörbar, aber sie können eurythmisch sichtbar gemacht werden als verbindende Bewegung zwischen den Gebärden der Einzeltöne, so daß eine musikalische Sequenz, ein musikalisches Motiv in Erscheinung tritt. Wenn sich solche Vorübung in selbstverständliches Können verwandelt hat, ist der Eurythmist vorbereitet, auch dasjenige zu ergreifen, was noch viel differenzierter *zwischen* den Tönen lebt: die Intervalle.

In der Lauteurythmie entspricht die an der Körperform abgelesene Gebärde dem vom Rezitator durch den Kehlkopf gesprochenen Laut. In dem Augenblick, in dem der Zuschauer den gesprochenen Laut hört, sieht er ihn auch als Bewegung.

Für die Toneurythmie zeigt Rudolf Steiner überraschenderweise, daß der Körper des Menschen eine Gliederung in sich trägt, die ihn dazu prädestiniert, nicht nur die Töne selbst, sondern auch die zwischen den Tönen wirksamen Intervalle als Bewegung sichtbar zu machen. Er zeigt, wie der Wunderbau der so unterschiedlich geformten Knochen des Arm- und Handskelettes, der dem Menschen alle Bewegungsmöglichkeiten zur Verfügung stellt, die er für das tägliche Leben braucht, auch die hohe Bestimmung in sich trägt, diese Zwischenräume als eurythmische Gebärden auszubilden. Der Bau des Armes – Schlüsselbein, Oberarm-, Unterarm-, Handgelenk-, Mittelhand-, Oberfinger- und Unterfingerknochen – beherbergt in seiner Form die Bewegungsmöglichkeiten für die charakteristischen Intervallgebärden der ganzen Tonleiter. So wie jeder Teil des Armes seine spezifische Form hat, so hat jede Geste, die als sichtbare Intervallgebärde aus dieser Form entsteht, ihre spezifische, dazugehörige Dynamik. Und die seelische Kraft, die den Menschen befähigt, ein bestimmtes Intervall zwischen zwei gesungenen Tönen wahrzunehmen und zu erleben, findet in der Form des Armes mit ihren Bewegungsveranlagungen das geeignete künstlerische Mittel, das Intervall zu eurythmisieren, es durch eine Bewegung sichtbar zu machen.

Welch ein Unterschied im Gefühl des Sängers oder Zuhörers, ob eine Melodie beginnt mit dem ruhigen Schritt vom Grundton zum nächsthöheren Ton der Skala, mit der Sekunde – oder ob sie sich zum sechsten Ton hinaufschwingt, also die Sexte dazwischen liegt. Welch ein Unterschied im Gefühl des Eurythmisten, ob er den mit einer sanft geschwungenen und leicht gedrehten Struktur gebildeten Oberarmknochen betrachtet und den Bewegungswillen auf die Möglichkeiten richtet, die speziell diesem Oberarm gegeben sind – oder ob er den so fein gegliederten Knöchelchen der Finger und ihrer vielseitigen Flexibilität seine Bewegungsinitiative widmet.

Es ist die Aufgabe des Toneurythmisten, mit seinem Bewegungssinn in die Geheimnisse dieser Körperformen einzudringen und die aus ihnen entstehenden Gebärden mit den musikalischen Seelenerlebnissen der Intervalle in Einklang zu bringen. Im Folgenden soll angedeutet werden, wie die Bemühungen des Eurythmisten verlaufen könnten, wenn er übt, seinen Körper in den Dienst der Intervall-Gesetzmäßigkeiten und des Intervall-Erlebens zu stellen. Steiners Anregungen sind überaus vielseitig, es können hier nur einzelne erwähnt werden. Jeder Künstler wird ihnen auf seine Weise folgen.[109]

Prim

Vom Schulterblatt bis zum Ansatz der Oberarmknochen findet sich die Grundlage für die Prim, den Grundton. Der *Schulterbereich* ist wenig beweglich, aber «eine starke Kraftentfaltung in der Ansatzstelle fühlt man», dann wird diese kaum sichtbare komprimierte Gebärde ausdrucksvoll, und sie wird die ganze Gestalt verändern, wenn sie von innerer Ruhe und weiter Offenheit der Seele erfüllt ist.

Sekunde

Das Gefühl strömt vom Schlüsselbein und Schulterbereich in den *Oberarmknochen,* in dessen Form schon die zart gedrehte Schwingung zu sehen ist, aus der die Geste entstehen wird: Der Oberarm – und er allein – dreht sich nach außen. Unterarm und Hand bewegen sich völlig passiv mit, dadurch ist am Ende der Geste die Handfläche nach vorne und leicht nach oben gewendet. Die aufkeimende Intensität der sich öffnenden Gebärde entspricht der suchenden, fragenden Seelenstimmung beim ersten Schritt in das musikalische Geschehen der Tonleiter.

Terz

Das Skelett des *Unterarmes* gliedert sich in Elle – an der Außenseite, vom Ellbogen ausgehend – und Speiche an der Innenseite. Das Gefühl strömt von der Schulter in den zweigliedrigen Unterarm hinein und bewegt ihn webend hin und her. Diese webende Bewegung hat zwei Ausdrucksmöglichkeiten, die der musikalischen Zweiheit der Terz entsprechen: Die eurythmische Gebärde für die große oder Dur-Terz betont die nach außen strömende Richtung, wodurch auch die passiv mitgehende Handfläche nach außen gewendet wird – die Gebärde der kleinen oder Moll-Terz akzentuiert die nach innen, zum Körper hinflutende Bewegung, wodurch die Handfläche nach innen gewendet wird. Das musikerfüllte Seeleninnere, das Gespräch der Seele mit sich selbst, belebt die Bewegung und verleiht ihr die vielfältigen Nuancen, die in der Musik vom Terz-Intervall ausgehen.

Quarte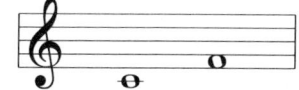

Sie gehört zu den vielen kleinen, mehr querliegenden *Handwurzelknöchelchen*, die einen deutlichen Einschnitt bilden zwischen den langgestreckten Formen der Knochen im Arm und in der Hand. Die Gebärde ist sehr knapp. Die Handwurzel bewegt sich, wie wenn sie alles zusammenziehen wollte, kurz und kräftig nach unten und zum Körper hin, so daß sogar die ganze Gestalt fast ein wenig komprimiert erscheint. Dabei werden die gestreckt bleibenden Finger in eine leicht röhrenähnliche Form zusammengeführt. Die Seele fühlt sich eingegrenzt. Sie sammelt Kraft, die Grenze zu durchdringen.

Quinte

Die *Hand* bildet – den ganzen Arm mitführend – eine rund einhüllende Bewegung. Die Seele fühlt die Grenzsituation zwischen innen und außen: Sie fühlt die Vollkommenheit der körperlichen Menschengestalt, die von der Haut umschlossen ist. Aber sie fühlt auch, daß sie leer werden müßte, wenn die Weltenmusik nicht in sie einströmen würde.

Sexte

Das Gefühl fließt durch den ganzen Arm bis in die *Finger*. Sie spreizen sich und leiten die gelöst in die Weite hinausstrebende Gebärde. Die Weltenharmonien ziehen die Seele mächtig an, sie wird kosmisch.

Septime

Die *Fingerspitzen* bewegen sich unruhig, wie wenn sie fortgerissen würden. Hand und Arm, ja sogar der ganze Körper, werden davon erregt. Die Seele fühlt schmerzlich die Gefahr, daß sie ihr Selbst in die Weite hinein verlieren könnte.

Oktave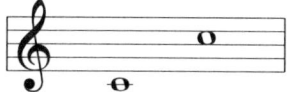

Eine vom Schlüsselbein durch den ganzen Arm strömende, den weiten, hohen Umkreis ergreifende und hereinholende Bewegung der Arme und Hände gibt Kunde davon, daß der Mensch als musizierendes Wesen weit umfassender ist als seine sichtbare Gestalt. Die Seele findet sich wieder zu neuer Innerlichkeit auf einer höheren Stufe, zu einer neuen Prim.

Die aus innerer musikalischer Aktivität gestalteten Intervall-Gebärden in der Folge der Tonleiter vermitteln dem Eurythmisten Erfahrungen von einem Entwicklungsweg des Menschen, von einem Weg, der ihn über sieben Stufen zur höheren Ganzheit seines Wesens, in die Oktave, führt.

Aus den Gesten der Intervalle entwickelte Rudolf Steiner die Gebärden der Dur- und Mollakkorde, der Drei- und Vierklänge.

Das Unhörbare in der Musik da zu gestalten, wo der Komponist ein Pausenzeichen gesetzt hat, gehört zu den interessantesten und schönsten Aufgaben des Eurythmisten. Er ist aufgefordert, eine Bewegung zu finden, die der Pause genau entspricht. Und keine Pause ist der anderen gleich. Zum Beispiel: Pianissimo-Melodie, in die Pause hinein verklingend, so daß der Zuhörer immer noch den Atem anhält, auch wenn er längst nichts mehr hört – und dann ein kräftiger Neuanfang. Oder: spritzige Staccato-Töne mit vielen kurzen Pausen dazwischen. Der Eurythmist hat eine Bewegung zu suchen, die zum Ausdruck bringt, wie das vergangene Motiv zurückgelassen oder ausgelöscht wird, und wie er dann das herankommende vorbereitet. Nie wird eine musikalische Pause für den Eurythmisten eine Pause zum Ausruhen sein, sondern die Redewendung «schöpferische Pause» hat für ihn eine wörtlich-konkrete Bedeutung. Er ist zu erhöhter Aktivität und Geistesgegenwart aufgerufen, um die Bewegung so zu führen, daß die musikalische Spannung im Unhörbaren während der Pause sichtbar wird. Eindrucksvoll kann die Pausenbewegung in der eurythmischen Darstellung von Kompositionen für mehrere Instrumente, besonders für Orchester, hervortreten, wenn die wechselnden Pausen und Einsätze der einzelnen Instrumentalstimmen augenfällig offenbar werden.

Auch da, wo musikalische Motive ohne Pause aufeinander folgen, ist eine Situation gegeben, die den Eurythmisten zu besonderer Achtsamkeit auf das «Dazwischen» anregt. Er kann durch eine überleitende Gebärde zwischen den Motiven deren Beziehung zueinander andeuten: ob sie sich wiederholen, ob sie ähnlich oder gegensätzlich sind, ob sie weiterdrängend oder ausklingend verlaufen.

Der menschliche Körper ist in drei Raumesrichtungen eingebunden – rechts-links, vorne-hinten, oben-unten. In der Toneurythmie wird diese Eingebundenheit in die Bewegung befreit, sie wird in die Darstellungsgrundlage für Takt, Rhythmus und Tonhöhe verwandelt.

Für das Element des Taktes hat sich der Eurythmist mit der Raumesdimension des *Rechts-Links* auseinanderzusetzen.

Der naturgegebene Wechsel der Schritte – rechter Fuß, linker Fuß – ist durch Übungen des Schreitens so geschult, daß er auf feinste Nuancen des Taktes im Beherrschen dieser Raumesdimension reagieren kann. Es ist die ganze Körpergestalt beteiligt, wenn in der vorbereitenden Grundübung das Gleichgewicht gesucht wird, das z. B. einem Vierviertaltakt innewohnt. Es liegt zwischen dem gewichtigen «Eins», dem schwächeren «Zwei», dem wieder etwas stärkeren «Drei» und dem zartesten Taktteil «Vier». Bei «Eins» macht das rechte Bein einen kräftigen Schritt vorwärts, es wird einen Augenblick lang Standbein für die volle Belastung, während die ganze Gestalt das «Rechts» zum Ausdruck bringt. Bei «Zwei» setzt der linke Fuß seitlich, etwas entfernt, neben dem rechten auf, und die ganze Gestalt ist dem «Links» hingegeben. Zum «Drei» des Taktes schreitet das rechte Bein wieder nach vorne, die Gestalt wird zum «Rechts», und im «Vier» bewegt sich der linke Fuß neben den rechten in Schlußstellung, die Gestalt konzentriert sich auf das «Links». Dann folgt für einen sehr kurzen Augenblick das Niemandsland des Taktstriches als Unhörbares, aus dem das Vorgefühl auf den nächsten Takt die weitere Bewegung impulsiert. Ist ein Musikstück dezidiert vom Element des

Taktes bestimmt, wie z. B. ein Marsch, dann kann die elementare Taktbewegung sogar in der künstlerischen Gestaltung auftreten. Es könnte eine Gruppe von Eurythmisten die reine Taktbewegung darstellen, eine andere den melodischen und rhythmischen Verlauf der Komposition hinzufügen. In den Werken der abendländischen Musik verhalten sich jedoch die Elemente von Takt, Rhythmus und Melos in einem so vielfältigen Wechselspiel zueinander, daß der Eurythmist gerade dieses Verhältnis – wie z. B. Auftakte, Triolen, Synkopen sich mit der Melodie verbinden – in der künstlerischen Darstellung sichtbar machen kann.

Die bewegliche Dynamik des rhythmischen Elementes in der Musik wird geboren aus dem fließenden Ineinander-Übergehen von kurz- und langdauernden Tönen oder aus dem Wechsel von schnellen und langsamen Tonfolgen. Die ruhige Melodie eines Adagio bringt uns in die Stimmung des Hingegebenseins an einen überirdischen Bereich, in den ein Hauch der Ewigkeit hereinweht. Ein Allegro mit kurzen Tönen in schneller Folge erfrischt unser Augenblicksbewußtsein. So wird sich der Eurythmist da, wo die Melodie in einen schnellen Lauf kurzer Töne übergeht, dem Teil des Raumes zuwenden, der in Sichtbarkeit *vor* ihm liegt; er wird, wenn es die Gesamtkonzeption des Stückes erlaubt, sogar die Wegformen in die Richtung nach vorne führen, und er wird seinen schnellen Armbewegungen mit dem Blick folgen. Geht die Melodie in eine Passage langer Töne über, wird er den Blick mehr nach innen zurücknehmen und sein Gefühl dem Raum, der *hinter* ihm liegt, zuwenden. Vielleicht wird er die Richtung nach hinten einschlagen und mit ruhigen, fließenden Schritten sich rückwärts bewegen – wie wenn er eine unendliche Weite hinter sich hätte und ihm unendliche Zeit eingeräumt wäre. Dies ist nur eine bescheidene und anfängliche Beschreibung davon, auf welche Weise der Eurythmist beginnt, in der Raumesrichtung vorne-hinten den Bewegungsansatz für das rhythmische Element zu finden. Denn um den unerschöpflichen Reichtum musikalischer Rhythmen sichtbar zu machen – ob es markant akzentuierte oder gleichmäßig dahinfließende, ob es fein ausziselierte oder majestätisch erhabene Formen sind -, ist die phantasievolle Erfindungsgabe und eine jahrelang geschulte Beweglichkeit angesprochen. Das rhythmische Geschehen im

Musikalischen ist so lebendig und belebend, so beweglich und bewegend, mit so viel überraschenden Unwägbarkeiten versehen – und gerade auf diese kommt es an! – daß man es kaum in Noten, geschweige denn in Worten einfangen kann. Der Eurythmist hat unermüdlich daran zu üben, daß sein Körper leicht und durchlässig wird, daß seine Schultern und Arme von ausdrucksvoller Beweglichkeit und seine Schritte von anpassungsfähiger Flexibilität erfüllt werden. Die ganze Gestalt soll so vom Rhythmus ergriffen sein, daß für den Zuschauer die Form des Körpers zurücktritt und allein der rhythmisierte Bewegungsfluß mit seinen tausend Feinheiten ihn zum innerlichen Mitbewegen begeistert.

Wie schon der Sprachgebrauch zeigt, gehört die Tonhöhe zu der Raumesrichtung des *Oben-Unten*. Sie wird durch die Haltung des Körpers und durch die Bewegungslage der Arme und Hände zum Ausdruck gebracht, denn gerade die Hände können den feinsten Differenzierungen nach oben und unten folgen. Auch für die Tonhöhe liegt der Ursprung der Bewegung im Schlüsselbein und in der oberen Brustregion. Von dort aus kann das Gefühl in die Arme strömen und sichtbar machen, daß die Seele mit der aufsteigenden Melodie sich von der Materie lösen und mit der absteigenden in die dunkle Fülle der Tiefe eintauchen möchte. Diese skizzenhaften Ausführungen können dem Leser nur andeuten, welche methodischen Grundlagen und welche Anregungen Rudolf Steiner den ersten Schülern zur Entwicklung der Toneurythmie gegeben hat. Der in den Bewegungen der menschlichen Gestalt sichtbar werdende Gesang, die Toneurythmie, möchte etwas von dem großen urbildlichen Zusammenhang erschließen, in dem der Mensch als ein für das Musizieren geschaffenes und als ein Musik erzeugendes Wesen lebt.

Der Zuschauer einer Eurythmiedarbietung darf das Gedankliche einer solchen Beschreibung restlos vergessen. Er möge ihre Quintessenz – die Hinwendung der Seele zum Unhörbaren, zum geistigen Urquell, aus dem die hörbare Musik und die Toneurythmie entsteht – als Grundstimmung dem entgegenbringen, was er von der Bühne her sieht und hört. Durch die Hinwendung des Gefühls zum Unhörbaren wird er am schöpferischen Prozeß des Entstehens und Vergehens im musikalischen und toneurythmischen Geschehen teilnehmen.

VIII.
Metamorphosen der Eurythmie: Bühnenkunst, Pädagogik, Therapie

Der Bühnenvorhang hat sich zu einer Eurythmie-Aufführung geöffnet. Der Zuschauer empfängt eine Fülle von Sinneseindrücken. Er hört, daß der Sprecher eine Dichtung rezitiert oder der Musiker eine Komposition spielt. Er sieht, daß Eurythmisten sich auf mannigfaltigen Wegen schreitend über die Bühne bewegen und im Fluß dieser Bewegung immer neue Konstellationen der Gruppierung hervorbringen. Er sieht ihre langen farbigen Gewänder und die farbigen Schleier, welche die Gebärden der Arme umwehen. Er gewahrt, daß der ganze Bühnenraum mit seinem meist blauen Hintergrund gleichmäßig durchflutet ist von der farbigen Beleuchtung, die sich immer wieder ändert.

Konzentriert er seine Aufmerksamkeit auf den reinen Bewegungsablauf, so kann ihm aufgehen: Die Körperbewegungen haben sich hier in ein strömendes Gesamtkunstwerk singender oder sprechender Gebärden verwandelt, in das die Tätigkeit des Sprechers oder des Musikers wie auch die Farben der Gewänder und der Beleuchtungen vollkommen eingegliedert sind.

Die eurythmische Kunst geht vom Geistigen und vom Seelischen des Menschen aus, und Bühnenkünstler sehen ihr Ideal darin, auch die geistig-seelische Innerlichkeit des Zuschauers zu erreichen. Die Eurythmie soll ihm die reiche Gefühlswelt des Musikalischen und die universelle plastisch-bildhafte Vorstellungswelt der Dichtung intensiver nahebringen, als es durch das Hören allein geschehen kann.

Wenn der Zuschauer einer Eurythmie-Aufführung mit künstlerischem Empfinden etwas von dem Bereich erlebt, der über das Sinnliche hinausgeht, und wenn er dadurch angeregt wird, das Erlebnis in seiner Seele zu pflegen und zu aktivieren, so hat die Eurythmie ihre

Berechtigung in der gegenwärtigen materialistisch geprägten Kultur. Der Fortschritt zu einer neuen Kulturstufe braucht die seelische Aktivität, die sich dem Übersinnlichen zuwendet.

Im Lehrplan der Freien Waldorfschulen ist die Eurythmie Pflichtfach – neben dem Turnen – vom Kindergarten bis zur zwölften Klasse.

Im Turnen lernen die Kinder die Bewegungsmöglichkeiten des eigenen Körpers mit seinem Muskel- und Knochensystem kennen. Sie machen Erfahrungen, sie probieren aus, was sie mit Kraft, Geschicklichkeit und Körperbeherrschung leisten können.

Auch in der Eurythmie sind Kraft, Geschicklichkeit und Beherrschen der eigenen Bewegung aufzubringen. Das Unterrichtsfach Eurythmie in der Schule kann als «beseeltes Turnen» bezeichnet werden. In ihm lernt das Kind, den Körper als Instrument seines seelisch-geistigen Inneren zu ergreifen und innere Vorgänge in einem Bewegungsablauf zum Ausdruck zu bringen. Diese Möglichkeiten der Selbstoffenbarung, die sich auf jeder Entwicklungsstufe neu und anders zeigen, möchte man dem Kinde während des Heranwachsens angedeihen lassen.

Der Lehrplan der Freien Waldorfschulen und in ihm der Lehrplan des Eurythmieunterrichts sind abgestimmt auf die kindliche Entwicklung.

Im Kindergarten und in den unteren Klassen, wenn die Kinder sich mit den Wesen und Dingen ihrer Umgebung bekannt und vertraut machen wollen und müssen, werden an Hand von rhythmischen Verslein und Gedichten die charakteristischen Bewegungen dieser Umgebung nachgeahmt und erlebt. Als «die Heil'gen drei König' mit ihrigem Stern» schreiten sie würdig und kerzengerade durch den Eurythmiesaal; mit dem Gedicht «Wir Frösche, wir haben die glücklichsten Gaben» hüpfen sie fröhlich herum; sie hämmern im Takt wie die Schmiede; sie spinnen «schnurr – schnurr – schnurr» Stroh zu Gold wie das Rumpelstilzchen; und sie genießen die sprachlichen Rhythmen und Reime in jeder Bewegung und lernen nachahmend die Lautgebärden.

In den mittleren Klassen wird das neu zu gewinnende Vorstellungsvermögen für präzise geometrische Formen auch in der Eurythmiestunde aktiviert. Es macht Kindern Freude, ein Dreieck, ein Viereck oder einen Fünfstern zusammen mit den Kameraden im Raum entstehen zu lassen oder den Sinn für die Raumesrichtungen und die Genauigkeit der Bewegungen an den Stabübungen zu schulen. Die Grammatik zeigt sich ihnen von einer ganz neuen Seite, wenn sie lernen, wie das Element des Satzbaues – z. B. als «apollinische Form» – die eurythmische Gestaltung eines Textes klärt und prägt. Es entwickelt sich dann in dieser Altersstufe mehr und mehr das Bedürfnis nach starken Gefühlserlebnissen, nach seelischen Kontrasten zwischen Spannung und Lösung. In der eurythmischen Ausarbeitung von Balladen und dramatischen Gedichten können solche emotionellen Erlebnisse als künstlerisch gestaltete Bewegung voll ausgekostet werden. Dabei werden die Lautgebärden durch die Gesten der Seelenstimmungen (z. B. Trauer, Sehnsucht, Verzweiflung, Heiterkeit usw.) deutlich modifiziert.

In den oberen Schulklassen können die Jugendlichen eurythmische Elemente, die sie früher mehr nachahmend gelernt haben, bewußter und selbständiger ergreifen. Ihr Interesse an dem, was große Dichter im Geiste bewegt hat oder heute bewegt, wird erweckt, wenn sie den tieferen Sinn eines literarischen Werkes erkennen sollen, um selbst die eurythmische Gestaltung dafür zu suchen. Da werden in den jungen Menschen geistige Fragen geweckt, an der Beziehung von Inhalt und Form werden Stilfragen erwogen, poetische Formen bewußt gemacht, der künstlerische Sinn und das Sprachgefühl werden belebt – denn dies alles ist nötig, um ein Gedicht als eurythmische Bewegung sichtbar zu machen.

Eine ähnliche Stufenfolge findet sich im Lehrplan für den Unterricht in Toneurythmie.

Die Eurythmie als Bühnenkunst ist heute schon einem großen Menschenkreis bekannt. Doch nur wenige Menschen wissen etwas von der Heilwirkung eurythmischer Bewegungen, von der Heil-Eurythmie. Denn sie wird im Behandlungsraum des Heileurythmisten oder im Krankenzimmer mit dem einzelnen Patienten nach ärztlicher Verordnung geübt.

Die Eigenbewegung eines erwachsenen Menschen ist so unverwechselbar wie seine Physiognomie. Jeder Mensch setzt einen Fuß vor den anderen, wenn er geht. Aber schon im Kindesalter fängt er an, seinen ihm charakteristischen Gang, seine eigene Haltung, seine individuellen Handbewegungen auszubilden. Der eine geht mit hölzernen harten Schritten, der andere elastisch, der dritte leichtfüßig, der vierte tastend.

Die Veranlagung, aus der solche Unterschiede entstehen, ist Ausdruck der individuellen Ganzheit eines Menschen. Seine persönliche Veranlagung, in die Verfestigung oder in die Auflösung zu tendieren, kann, wenn sie extrem einseitig wird, als Verhärtungs- oder Auflösungsprozeß das Entstehen einer organischen Krankheit begünstigen.

Die Tatsache, daß eurythmische Gebärden gesundend wirken können, läßt sich nur aus den Begriffen der höheren Ganzheit des Menschenwesens und aus dem Studium der Wirksamkeit der unsichtbaren Bildekräfte des Lebendigen, die den Körper bilden und erhalten, verstehen.

Wie diese Bildekräfte in organischen Prozessen wirken, ist dem Menschen nicht bewußt, es ist das Forschungsgebiet des durch die Geisteswissenschaft Rudolf Steiners geschulten Arztes.

Es ist dem Menschen auch nicht bewußt, wie er – mit Hilfe der unsichtbaren Bildekräfte – das Aussprechen der Laute durch die Sprachorgane vollbringt. Wenn aber die lautbildenden Kräfte vom Gebundensein an die Sprachorgane befreit sind und willentlich in Bewegungen der ganzen Gestalt einfließen, werden sie dem Eurythmisten mehr und mehr bewußt. Es ist sein tägliches Übungsfeld, die den Lautgebärden innewohnenden Kräfte zu erkennen, ihre charakteristischen Bewegungsströme zu erfühlen, zu beobachten und zu handhaben. So nimmt er z. B. die Tendenz der einzelnen Stoßlaute zur festen Formbildung ebenso differenziert wahr wie diejenige der Blaselaute zur Auflösung.

Rudolf Steiner hat aus den ursprünglichen eurythmischen Lautgebärden spezielle prägnante Heileurythmie-Übungen entwickelt. Die heileurythmischen Gebärden stehen nicht mehr in einem poetischen oder gedanklichen Zusammenhang, wie es bei der eurythmischen Darstellung eines dichterischen Kunstwerkes die Lautbewegungen tun. Sie sind vom bildhaften Element der Worte, von dem Gedankenzusammenhang der Sätze, von Vorstellungsinhalten befreit und getrennt. Jetzt können sie in neue Bahnen gelenkt werden. Die zur Heileurythmie umgestalteten Lautbewegungen vermögen sich sozusagen einem krankhaften Prozeß zuzuwenden.

Der Patient konzentriert sich ganz und gar auf eine einzelne Lautgebärde, die während der Behandlung rhythmisch wiederholt wird.

Auch die Behandlungstermine folgen sich in rhythmischer Wiederholung. Dadurch ist eine Wirkung auf einen bestimmten Krankheitsprozeß möglich.

Weil die Übungen aus der Einsicht Rudolf Steiners in die Bewegungstendenzen der unsichtbaren Bildekräfte entwickelt wurden und weil die Aktivität des Patienten auf dem Wege seiner eigenen Willensbetätigung für die Gesundung eingesetzt wird, kann die Heileurythmie – selbst die kleinste Fingerübung eines bettlägerigen Kranken – helfen.

Die Heileurythmie ist mit keiner anderen Bewegungstherapie vergleichbar. Ihre Methode, den Heilerwillen des Eurythmisten in unermüdlichem Bemühen am bewußten Erfassen übersinnlicher Bildekräfte zu orientieren und den Gesundungswillen des Patienten so aufzurufen, daß er damit zusammenklinge, ist ebenso neuartig wie die anthroposophische Geisteswissenschaft selbst.

Anmerkungen

1 Rudolf Steiner, *Die Geheimwissenschaft*, S.282.
2 Polyklet, Doryphoros.
3 Vitruvius, *De architectura*, Buch I, Kap. 2.
4 Walter Kranz, *Geschichte der griechischen Literatur*, S.134 ff.
5 1. Zeile aus *Agamemnon* in der Orestie von Aischylos, Übersetzung von O.Werner.
6 Kranz, a.a.O.,S.14 ff.
7 Friedrich Hiebel, *Die Botschaft von Hellas*, S.115 ff.
8 Steiner, *Die Entstehung und Entwicklung der Eurythmie*, S.19 ff, S.62 ff.
9 Friedrich Schiller, *Votivtafeln*.
10 Homer, *Odyssee*, die ersten fünf Zeilen, in der Übersetzung von J.H.Voß.
11 Eduard von Tunk, *Kurze Geschichte der griechischen Literatur*, S.7.
12 Schiller, *Votivtafeln*.
13 *Poetik in Stichworten*, Alliteration.
14 *Deutsche Dichtung des Mittelalters*, S.17.
15 Steiner, *Die Philosophie der Freiheit*, Grundzüge einer modernen Weltanschauung, 1. Auflage Berlin 1894.
16 Steiner, *Wie erlangt man Erkenntnisse der höheren Welte?* Zuerst 1904 als Aufsätze in der Zeitschrift Luzifer-Gnosis erschienen.
17 Steiner, *Mein Lebensgang*, Kap. V.
18 Steiner, *Methodische Grundlagen der Anthroposophie*, S. 174.
19 Steiner, *Mein Lebensgang*, Kap.VI.
20 Steiner, *Einleitungen zu Goethes Naturwissenschaftlichen Schriften*, S.9 ff.
21 Steiner, *Grundlinien einer Erkenntnistheorie der Goetheschen Weltanschauung*, 1. Auflage Berlin 1886.
22 Johann Wolfgang Goethe, *Gedichte*, S. 199.
23 Steiner, *Wie erlangt man Erkenntnisse der höheren Welten*, S. 61.
24 Vgl. Steiner, *Theosophie*, Das Wesen des Menschen.
25 Steiner, *Mein Lebensgang*, Kap.V.
26 Vgl. Steiner, *Vier Mysteriendramen*.

27 Steiner, *Der Baugedanke des Goetheanum*, S. 17.

28 Vgl. Carl Kemper, *Der Bau*.

29 Vgl. Rex Raab u.a., *Sprechender Beton*.

3o Steiner, *Entstehung und Entwicklung*, S. 8.

31 Ebd. S. 115.

32 Steiner, *Eurythmie als sichtbare Sprache*, S.157.

33 Albert Steffen, *Wegzehrung*, S. 82.

34 Steiner, *Wahrspruchworte*, S.81.

35 Steiner, *Entstehung und Entwicklung*, S. 84.

36 Goethe, *Gedichte*, S. 367.

37 Ebd. S. 359.

38 Ebd. S. 53.

39 Angelus Silesius, *Der Cherubinische Wandersmann*, II. Buch Nr. 24.

40 Schiller, *Votivtafeln*.

41 *Deutsche Gedichte von 1900 bis zur Gegenwart*, S. 165.

42 Steiner, *Entstehung und Entwicklung*, S. 107.

43 Gotthold Ephraim Lessing, *Die Erziehung des Menschengeschlechts* § 100.

44 Steiner, *Entstehung und Entwicklung*, S. 84, 95.

45 Goethe, *Gedichte*, S. 308.

46 Ludwig Uhland, *Gedichte*.

47 Steiner, *Entstehung und Entwicklung*, S. 30. Annemarie Dubach Donath, *Die Grundelemente der Eurythmie*, S. 2.

48 Agrippa von Nettesheim, *Magische Werke* Band II, S. 163 ff.

49 Steiner, *Sichtbare Sprache*, S. 247.

50 Goethe, *Faust* II, 1. Szene.

51 Uhland, *Gedichte*.

52 *Poetik in Stichworten*.

53 Steiner, *Entstehung und Entwicklung*, S. 18.

54 Ebd. S. 19.

55 Steiner, *Sichtbare Sprache*, S. 28.

56 Hiebel, *Im Stillstand der Stunden*.

57 Eduard Mörike, *Gedichte*.

58 Steiner, *Entstehung und Entwicklung*, S. 58, 77, 79, 81.

59 Steffen, *Epoche*, Ausgewählte Werke, S. 117.

6o Steiner, *Entstehung und Entwicklung*, S. 20.

61 Steiner, *Sichtbare Sprache*, S. 81.

62 Steiner, *Heileurythmie*, S. 16.

63 Johann Gottfried Herder, *Über den Ursprung der Sprache*, S. 12.

64 Steiner, *Die geistige Führung des Menschen und der Menschheit*, 2. Vortrag.

65 Steiner, *Eurythmie die Offenbarung der sprechenden Seele.*

66 Steiner, *Sichtbare Sprache,* S. 54.

67 Conrad Ferdinand Meyer, *Gedichte.*

68 Steiner, *Sichtbare Sprache,* S. 60, 66.

69 Ebd. S. 74.

70 Ebd. S. 75.

71 Ebd. S. 91.

72 Christian Morgenstern, *Stuttgarter Ausgabe* Band I, S. 53.

73 C.F.Meyer, *Gedichte.*

74 Steiner, *Sichtbare Sprache,* S. 68, 69.

75 Steiner, *Entstehung und Entwicklung,* S. 23.

76 Goethe, *Die Metamorphose der Pflanze.*

77 Friedrich Hebbel, *Gedichte.*

78 Christian Friedrich Daniel Schubart, *Gedichte.*

79 Friedrich Nietzsche, *Gedichte.*

80 Steiner, *Sichtbare Sprache,* S.109-115.

81 Herder, *Der Cid,* Gesammelte Werke Band I.

82 Steiner, in der Wochenschrift «Das Goetheanum».

83 Asta Nielsen, *Die schweigsame Muse,* S. 191, 102.

84 Goethe, *Gedichte,* S. 242.

85 Ebd.

86 Ebd. S. 143.

87 Homer *Ilias,* XVI, 696-709.

88 *Deutsche Gedichte,* S. 78, 84.

89 Steiner, *Sichtbare Sprache,* S. 161 f.

90 C.F. Meyer, *Gedichte.*

91 Morgenstern, *Auf vielen Wegen,* Stuttgarter Ausgabe Band I, S. 130.

92 Schiller, *Votivtafeln.*

93 Steiner, *Sichtbare Sprache,* S. 164.

94 Nietzsche, *Die Geburt der Tragödie,* S. 19.

95 Ebd. S. 20.

96 Ebd. S. 39.

97 Goethe, *Faust I,* Prolog im Himmel.

98 Steiner, *Sichtbare Sprache,* S. 225.

99 Ebd. S. 226 ff.

100 Ebd. S. 230.

101 Ebd. S. 231.

102 *Jorinde und Joringel,* Märchen der Gebrüder Grimm.

103 Morgenstern, *Klein-Irmchen.*

104 Steiner, *Sichtbare Sprache,* S. 144 f.
105 Steiner, *Entstehung und Entwicklung,* S. 46.
106 Steiner, *Eurythmie als sichtbarer Gesang,* S. 52.
107 Ebd. S. 102 ff.
108 *Rudolf Steiner über Eurythmie,* S. 108 f.
109 Steiner, *Sichtbarer Gesang,* S. 104.

Literaturnachweise

Agrippa von Nettesheim: *Magische Werke* Band II, Berlin 1921.
Aischylos: *Agamemnon*, Übersetzung von Oskar Werner, München 1948.
Angelus Silesius: *Der Cherubinische Wandersmann*, Reclam UB 8006.
Braak, Ivo: *Poetik in Stichworten*, Hirt's Stichwörterbücher, 6. Aufl. 1980.
Deutsche Dichtung des Mittelalters, Hrsg. Friedrich von der Leyen,
Frankfurt 1961.
Deutsche Gedichte von 1900 bis zur Gegenwart, Frankfurt 1981.
Dubach-Donath, Annemarie: *Die Grundelemente der Eurythmie*, Dornach
1928.
Goethe, Johann Wolfgang: *Gedichte*, Hamburger Ausgabe, München 1978.
Hebbel, Friedrich: *Gedichte* , Reclam UB 3231.
Herder, Johann Gottfried: *Werke in 5 Bänden*, Bibliothek Deutscher
Klassiker, Berlin 1982.
Herder, Johann Gottfried: *Über den Ursprung der Sprache*, Stuttgart 1965.
Hiebel, Friedrich: *Die Botschaft von Hellas*, Bern 1953.
Hiebel, Friedrich: *Im Stillstand der Stunden*, Gedichte, Dornach 1978.
Homer: *Ilias*, Übersetzung von J.H.Voß, Stuttgart 1957.
Homer: *Odyssee*, Übersetzung von J.H.Voß bearbeitet von E.R.Weiß,
Leipzig 1935.
Kemper, Carl: *Der Bau*, Stuttgart 1985.
Kranz, Walther: *Geschichte der griechischen Literatur*, Basel 1960.
Lessing, Gotthold Ephraim: *Die Erziehung des Menschengeschlechts*,
Freiburg 1948.
Meyer, Conrad Ferdinand: *Gedichte*, Reclam UB 6941.
Morgenstern, Christian: *Lyrik, Stuttgarter Ausgabe* Band I, Stuttgart 1988.
Morgenstern, Christian: *Klein Irmchen*, Verlag Gerhard Stalling Olden-
burg.
Mörike, Eduard: *Gedichte*, Reclam UB 7661.
Nielsen, Asta: *Die schweigsame Muse*, Heyne TB 5607.
Nietzsche, Friedrich: *Die Geburt der Tragödie*, Stuttgart 1952.
Nietzsche, Friedrich: *Gedichte,* Reclams UB 7117.

Polyklet: *Doryphoros*, Reclam UB 9116.

Raab, Rex, Arne Klingborg, Ake Fant: *Sprechender Beton*, Dornach 1972.

Schiller, Friedrich: *Gedichte*, Reclams UB 7714.

Schubart, Christian F.D.: *Gedichte*, Reclam UB 1821.

Steffen, Albert: *Wegzehrung*, Dornach 1924.

Steffen, Albert: *Ausgewählte Werke* Band 1, Stuttgart 1984.

Steiner, Rudolf: *Einleitungen zu Goethes Naturwissenschaftlichen Schriften*, 1883-1897, Gesamtausgabe Bibl.Nr.1, Dornach 3. Aufl. 1973.

– : *Grundlinien einer Erkenntnistheorie der Goetheschen Weltanschauung*, 1886, Gesamtausgabe Bibl.Nr. 2, Dornach 7. Aufl. 1979.

– : *Die Philosophie der Freiheit.* Grundzüge einer modernen Weltanschauung, Gesamtausgabe Bibl.Nr. 4, Dornach 14. Aufl. 1978.

– : *Theosophie.* Einführung in übersinnliche Welterkenntnis und Menschenbestimmung, 1904, Gesamtausgabe Bibl.Nr. 9, Dornach, 30. Aufl. 1978.

– : *Wie erlangt man Erkenntnisse der höheren Welten?*, 1904, Gesamtausgabe Bibl.Nr.10, Dornach 22. Aufl. 1975.

– : *Die Geheimwissenschaft im Umriß*, 1910, Gesamtausgabe Bibl.Nr. 13, Dornach 26. Aufl. 1977.

– : *Vier Mysteriendramen*, 1910-1913, Gesamtausgabe Bibl.Nr. 14, Dornach 4. Aufl. 1981.

– : *Die geistige Führung des Menschen und der Menschheit*, 1911, Gesamtausgabe Bibl.Nr. 15, Dornach 9. Aufl. 1974.

– : *Mein Lebensgang*, 1925, Gesamtausgabe Bibl.Nr. 28, Dornach 6. Aufl. 1982.

– : *Methodische Grundlagen der Anthroposophie*, Gesammelte Aufsätze 1884-1901, Gesamtausgabe Bibl.Nr. 30, Dornach 1961.

– : *Wahrspruchworte*, Gesamtausgabe Bibl.Nr. 4o, Dornach 5. Auflage 1981.

– : *Eurythmie, Die Offenbarung der sprechenden Seele*, 1918-1924, Gesamtausgabe Bibl.Nr. 277, Dornach 2. Aufl.1980.

– : *Die Entstehung und Entwicklung der Eurythmie*, 1912-1925, Gesamtausgabe Bibl.Nr. 277a, Dornach 2. Aufl. 1982.

– : *Eurythmie als sichtbare Sprache*, 1924, Gesamtausgabe Bibl.Nr. 279, 4. Aufl. Dornach 1979.

– : *Heileurythmie*, 1921, Gesamtausgabe Bibl.Nr. 315, Dornach 4. Aufl. 1981.

– : *Der Baugedanke des Goetheanum*, Vortrag vom 29.6.1921, Dornach 1932.

–: *Über Eurythmie,* Stuttgart 2. Aufl. 1989.

Tunk, Eduard von: *Kurze Geschichte der griechischen Literatur,* Köln 1942.

Uhland, Ludwig: *Gedichte,* Reclam UB 3021.

Vitruvius: *De architectura,* Darmstadt 1987